严州历代

清官史话

中共建德市纪律检查委员会
建德市监察委员会 编

团结出版社

© 团结出版社，2024 年

图书在版编目（ＣＩＰ）数据

严州历代清官史话 / 中共建德市纪律检查委员会，
建德市监察委员会编 . -- 北京：团结出版社，2024.10
-- ISBN 978-7-5234-1349-4

Ⅰ . K827=2

中国国家版本馆 CIP 数据核字第 2024SG4901 号

责任编辑：周　颐
封面设计：书香力扬

出　　版：团结出版社
　　　　　（北京市东城区东皇城根南街 84 号　邮编：100006）
电　　话：（010）65228880　65244790
网　　址：http://www.tjpress.com
E - m a i l：zb65244790@vip.163.com
经　　销：全国新华书店
印　　装：四川科德彩色数码科技有限公司

开　　本：170mm×240mm　　16 开
印　　张：20.5　　　　　　　字　　数：185 千字
版　　次：2024 年 10 月　第 1 版　　印　　次：2024 年 10 月　第 1 次印刷

书　　号：978-7-5234-1349-4
定　　价：68.00 元

《严州历代清官史话》编委会

主　　编：徐军飞

副 主 编：叶　姣　吴建军

编　　委：项　栋　陈琪芳　陈利群

　　　　　方　韦　朱睦卿　沈伟富

　　　　　黄建生

执行编辑：方　韦

小城故事多

（代序）

◎ 郑秉谦

一

离开梅城，居住外地，已经七十年了。但童年少年时代故乡给我的印象很深，至今挥之不去。近从媒体上看到，从乡友口中听到，梅城作为"美丽城镇"建设的"浙江样板"，正从古城保护、新城建设、高铁新区（梅城板块）发展三方面高歌猛进，可说"风景这边独好"。这引发我做了一些文化思考，写成《寻找湮没的"千年古府"》一文，发表在3月29日的《杭州日报》上。由于有些删节，因此《建德》杂志准备转载后，我建议发表原稿。

我没见过有哪个"千年古府"如梅城埋没得这样深，也没有见过哪个小城如梅城故事积累得这么多。"美丽梅城"的建设，主要是物质方面的，但也要有人文建设，并且两者需要互相配合。

梅城的传统文化尤其是宋代文化，十分厚重，那么怎样保护、体现与传承呢？或说梅城故事积累得那么多，用什么来发掘与容纳呢？于是我再作本文。

现在的梅城，就是宋代的睦州（别名桐庐郡）、严州的州治所在地。范仲淹所咏的"萧洒桐庐郡"，苏东坡所赞的"三吴行尽千山水，犹道桐庐更清美"，所指都是这里。这个城市的宋代布局，现尚可见于现存最早的两种严州方志，即《严州图经》和《严州续志》（以下简称《图经》和《续志》）。它们分别修于南宋淳熙十三年（1185）与景定年间（1260—1264）。从《图经·子城图》可知，当年严州州治建筑与他州相似，也是前公宇后花园的布局。在公宇正堂之北，依次为思范堂、萧洒楼、木兰角；在木兰角正西，为读书堂；在木兰角正东，依次为荷花池、潺湲阁；在荷花池正南，则依次为千峰榭、高风堂。这个后花园，据《续志》说，总名"萧洒园池"，及"郡辅之总会，旧名'后乐'"。但这两书都未明说，这幅《子城图》反映的是南宋时的面貌，还是此前的北宋面貌。

《图经》只说："州衙……旧制屋宇甚备，经方腊之乱（按：时为宣和二年，即1120年），荡然无存。宣和三年，知州周格重建。"但据《续志》，州治虽为"图格重建，仅足公宇而已。燕游之地（按：即北宋叫'后乐'而南宋称'萧洒园池'的部分），往往荒废。故前志所载，自千峰榭、高风堂、萧洒楼之外，余皆名存实亡。充拓至今（按：指修《续志》的景定年间），甫称诸侯之居"。

也就是说，"萧洒园池"完全修好，已在修《图经》八十余年之后了。可见《图经》所画，还是方腊起义前的北宋面目。自范仲淹出任睦州知州（景祐元年，即 1034 年）至方腊起义（宣和二年，即 1120 年），也是八十余年，想来这张图所展示的乃是这段时期的风光。不过其中的高风堂，《图经》明确说过，却是南宋绍兴八年（1138）所建。因此这张图中，后花园里也有部分南宋建筑。宋代长达 320 年，"萧洒园池"在其中至少存在了 240 年。

我现在想说的就是，是否能让这个宋代州治的后花园在梅城重现？今天我们能否重构一个"萧洒园池"，并以此来容纳这些小城故事？我不用"重建"而用"重构"这个词，是因为我并不主张完全照图复旧，而是有所舍弃，有所创新。这新的宋式建筑"萧洒园池"，应是一座花石树木、林禽池鱼共处其中的，拥有潺湲阁、萧洒楼、千峰榭、高风堂与太史斋五座建筑的小园林，用来体现与承载宋代及宋前六位直臣名士、文史大家所创造与遗留的传统文化，或说容纳这些小城故事，并同时纪念这些故事的主人。这六人在中国历史上有极高的知名度，又同严州关系密切，他们是孟浩然、杜牧、范仲淹、江公望、陆游与袁枢。

二

"萧洒园池"的总名，以及萧洒楼、木兰角、潺湲阁等建筑名称，都源自范仲淹的组诗《萧洒桐庐郡十绝》（以下简称《十绝》），其中萧洒楼首应保留。据《续志》说，"萧洒楼……其下的思范堂"，上楼下堂，原来就是用来纪念范仲淹的。据《辞海》，"萧洒"又作"潇洒"，前者义为洒脱，后者则在洒脱之外，还有"清丽"的意思。范诗原文为"萧洒"，两义兼用，一方面称赞乌龙山景色清丽，另一方面推许乌龙山下居民洒脱。两者结合，意为不论在朝在贬，范仲淹都能找到合适的自然、人文环境，在其中"乐以天下，忧以天下"，洒脱地生活。中国士大夫，从孟子到白居易，主张"达则兼济天下，穷则独善其身"；但范仲淹说"不"，主张无论穷达，都要为天下全民而先忧后乐。这是儒学在宋代的大发展，难怪朱熹要尊称他为"天地间第一流人物"。他在睦州住了半年（有人计算实为三个月零一旬），却为睦州人做了三件好事。一是全面而深入地描写与宣传了严陵山水、梅城风光。这详见于他致晏殊函、《十绝》与其他诗文。严陵风光，谢灵运与沈约歌唱过，孟浩然与杜牧描绘过；但若以作画作譬，只是"小写意"，只有到了范仲淹手里，才有了"大泼墨"。二是调查与记录了睦州人的经济生活，从种竹、制茶、采莲到打鱼，并写下了他们在劳作中的快乐洒脱风貌。三是加强睦州人的文化教育与思想教育。宋初睦州孔庙自城东南隅迁到西北隅，"即庙建学，以教诸生"，较为简陋。他来后，立即派人建立了堂、宇、斋、庑；又派人到属县桐庐钓台，造了严子陵祠堂，并亲撰《严先生祠堂记》，颂扬严光侯"贪夫廉懦夫立"的高风亮节。

　　唐朝杜牧，在范仲淹前188年，曾贬知睦州。杜牧写的《睦州四韵》有云："州在钓台边，溪山实可怜。有家皆掩映，无处不潺湲。"由于处境相似，风景依旧，范仲淹遂在《十绝》中与之呼应："萧洒桐庐郡，实实竹隐泉，至今写杜牧，无处不潺湲。""潺湲"一词，谢灵运曾用以形容七里泷水，范则用来形容"萧洒园池"中徐徐注入荷花池的清泉。荷花池东的小筑，因此被称为"潺湲阁"。杜牧在睦州写的《正初奉酬歙州刺史邢群》中有一联"越嶂远分丁字水，腊梅迟见二年花"也颇得睦州神韵，既表现了两江成字之秀，又突出气候温润之宜。同杜牧一样，能写出睦州山水特色的唐人还有孟浩然。孟终身未仕，本无机会从中原到江南来，但经过贞观之治与开元盛世的唐代，人民富庶，社会安定，具有文人漫游与归隐的条件，于是孟也漫游到了吴越闽湘诸地，写了许多优秀的山水诗。他善于表现不同山水的不同性格：到洞庭，便说"气蒸云梦泽，波撼岳阳城"，使洞庭湖的深沉阔大跃然纸上。到建德，他接连写了七里泷（桐庐江）与三江口（建德江），以"山暝听猿然，沧江急夜流""野旷天低树，江清月近人"，分别突出严陵水流不同段落的或莽野或清虚的特色。他们两人在中国诗坛的地位相当，一是盛唐前期诗的两个代表之一（另一为王维），一是晚唐诗两个代表之一（另一为李商隐），又都写出了严陵江流的特种韵味，因此，以原有的"潇滠阁"容纳他们的故事，体现与承载他们的文学遗产，并纪念他们，应是合适的。

"萧洒园池"中的千峰榭，亦需保留。《图经》说它"跨子城上，自唐有之""久废，景祐初范文正公即归基重建；经方腊之乱，不存。后人重建，易名曰泠风台。绍兴二年……复旧名"。筑在子城上的千峰榭，便于登高望远，唐末本地诗人方干就曾登临过，并写了一首名为《题睦州郡中千峰榭》的诗。陆游于南宋淳熙十三年（1186）到这里任知州，曾多次登临此榭。他在严州写的三百首诗，诗题上出现千峰榭之名的不下十余首，什么夜登、晚登、晓登、雪中登等等。这"诗三百"中，有五六十首是"恢复"诗，即呼唤、号召恢复旧日河山、解放沦陷区人民的诗。这些诗，很多都是孕育或写作于这个榭中的。写诗的人喜欢别人称自己为诗人，但实为大诗人的陆游，却宁可被称为战士。梁启超说，陆游一生自伤于"辜负胸中十万兵，百无聊赖以诗鸣"，确实说出了陆游的胸中垒块。他甚至在严任满回杭面君时，还上了《上殿折子》，要求再次奔赴前线，而这时，他已整整65岁！在20年后，他临终前还在感叹"但悲不见九州同"。这位伟大的爱国诗人，在严州的事迹有三：第一，他同范仲淹一样，作了严州风光的"大泼墨"，诗中如此，离严五年后始写的《严州重修南山保恩寺记》更如此。由于他与范仲淹的肯定与宣传，严陵山水后来进入中国第一等山水的行列。第二，他关心严州老百姓的生存与生活，一到严州，便上书朝廷，免去受灾的州人一年赋税。平时深入田间，在严七百日中，曾十多次贴出劝农一类文告。天雨时，他要"津吏"一天几次向他汇报江水水位，防止城市再次受淹。第三，他在严州最后写的《上殿折子》，总结出培养与伸张浩然之气的规律。他以为"天下万事，皆当以气为主""气胜则事举""气高天下则无往而不胜"等。此作与范仲淹的《祠堂记》一样，总结、创造、推广了严州高尚的民风士气，建构了严州文化的最高层面。

南宋汪藻写的《高风堂记》说，其友董弅（知州）建高风堂于"萧洒园池""以敬慕（严光）先生之贤，文文正公（范仲淹）所写祠堂碑于其旁"。严光古迹主要在严州属县桐庐的钓台，但梅城应该也可以保留"高风堂"的名称，建立一座小筑，来容纳能体现严光精神的江公望的故事。宋朝一开国，就宣布"与士大夫共治天下"，并在太庙寝宫树碑，密谕后代皇帝不得杀士大夫与上书言事者。因此士人均充满使命感，直臣辈出。"铁面御史"赵抃是一个，"殿上虎"刘安世又是一个。后继者多人，江公望算得上其中之一。他是今建德市三都镇圣江村人，北宋熙宁六年（1073）进士，主要仕宦期略后于苏轼。宋徽宗建中靖国元年（1101），苏轼自海南赦归到常州病卒，这年江公望被任命为左司谏。徽宗素喜豢养珍禽异兽，公望上书进谏，指出这种"禽荒"行为非初政所宜。赵佶这时刚即位，不得已放掉其中的一些，并向公望说只余一只白鹇，养熟了不肯走，以杖驱而复入。赵佶还在杖头刻上公望的名字，以示不忘，但驱鹇之事就此不了了之。这事让人想起魏征谏唐太宗养隼的故事：李世民宠养猎隼，一日正在宫中把玩，魏征突入，只得将隼纳入怀中。而魏征正是来劝谏皇帝不可玩物丧志的，苦劝不已，时间很长，隼便被闷死在皇帝怀中了。一个做做样子，因而导致靖康之耻；一个真正尊重直臣，遂成贞观之治。而江公望这种直言切谏的浩然之气，是与魏征相通的，并且还可上溯到严光告诫司徒侯霸的"怀仁辅义天下悦，阿腴顺旨要领绝"。后来，赵佶变得更加荒淫，国政每下愈况，不到一年即"易三言官，逐七谏臣"。于是江公望又上"乞养直臣"表，要求朝廷对谏臣"养之不可不隆，听之不可不察，去之不可不谨"，但最后连他自己也因直言不已而被贬官南安了。南安在大庾岭北脉，过了岭便是当年荒蛮的"岭外"。直到北宋气数将尽时，公望才被赦回乡。他回乡后，将家从三都迁到梅城。梅城的江家弄、江家塘诸地，便因他家而得名。江公望对国事鲠直敢言，既是严州优良的民风士气的体现，又是后代士人"家国情怀"的资源。陆游在南宋时担任严州知州，一到任，便首先刻印了《江司谏奏议》一书，"以致平生尊仰之意"。

陆游 1125 年生，1210 年卒；袁枢 1131 年生，1205 年卒。袁枢比陆游迟生六年而早卒五年，是真正的同时代人。他们一个是诗文大家，一个是史学巨擘（我不说陆游是大诗人，而说他是诗文大家的根据是：陆游古文亦佳，前人曾欲更"唐宋古文八大家"

为九大家，把陆游也放进去）。陆游到严州任知州，是孝宗淳熙十三年（1186）；而袁枢到严州任教授，大约是孝宗乾道七年（1171），比陆游早了十五年。他到任后，次年便写出了《通鉴纪事本末》，第三年刻印成书。但他对中国史学的巨大贡献，并不仅仅是写出了这部广受欢迎的史学巨著，更是创造了一种名为"纪事本末"的史书体裁。他当年写作此书，是在严州城西北隅的州学教授廨舍，即今梅城西湖正北方向的乌龙山脚。虽然严州至今未有纪念他的建筑，但这样一个史学巨擘，新的"萧洒园池"中应当有容纳他的故事的地方，应当拥有体现与承载他文化遗产的建筑。这座建筑，似可命名为太史斋。袁枢曾研究司马光《资治通鉴》多年。《资治通鉴》原书达294卷，太长，司马光生前自己也说过，能读完全书的，他只见过一个人。南宋著名诗人杨万里说，他每读此书"见文肇（始）于斯，则觉其事不竟（毕）于斯。盖事以年隔，年以事析，遭其初莫知其终，揽其终莫绎其初"，首尾不能相顾，读来不便。袁枢早已有见于此，乃将《资治通鉴》所载1300年间事，聚集成为239年事件；然后再以各个事件为中心，将《资治通鉴》各年中有关这一事件的记载，加以集中与缩写，编成42卷。这样，篇幅可减将近六分之一，读来快疾；同时因以事件为中心，明白易懂。中国史书，原只有纪传体（如《史记》）、编年体（如《资治通鉴》）两种，袁枢的书提供了第三种体裁，即纪事本末体。这种体裁，"文省于纪传，事豁于编年"，曾得到文史修养颇深的孝宗赵昚赏识。这部书从孝宗淳熙二年（1175）到理宗宝祐五年（1257）的 82 年间，在严州就翻印了四次。而袁枢自己，也宦途顺利，一直当到刑部侍郎兼国子祭酒。后一职务，是当时最高的学官。

三

"萧洒园池"及其中诸建筑，若能在梅城重构出现，易地建成，那么对于容纳小城故事，对于体现与传承传统文化，包括严州文化，会有很大作用。孟浩然、杜牧、范仲淹、江公望、陆游与袁枢，都是中国历史上的伟大人物，其中大多拥有顶级的知名度，他们在睦州、严州，即今天的梅城生活过、工作过、创造过，留下许多故事。后人不能让这些故事和他们的足迹在这儿消失。"重构"后的萧洒园池在梅城的出现，将会容纳这些小城故事，将会使这里成为古代文化的汇聚处，成为不同艺术的展示区，成为传统道德的制高点。它的重现，有利于现代文化的发展，有利于当代价值观的形成。它将使梅城以至建德全市充满浩然之气、书卷之气，使常年浸润其中的本地人生活得更高尚、更勤劳、更洒脱，让本地人生活得更美好，使外来人在这儿往复徘徊而久久不忍离去。

（作者为国家一级作家、浙江省作协原副主席）

前　言

"幽居萝薜情，高卧纪纲行……今日新安郡，因君水更清。"唐代诗人刘长卿任职睦州司马时《题元录事开元所居》当中的借景抒情之句，恰是建德清廉之风源远流长的真实写照。建德因山而美、因水而灵，自古民风淳朴，清官廉吏辈出，他们为学则以道德文章流传百世，为官则以清廉自守闻名遐迩。

党的十八大以来，以习近平同志为核心的党中央把廉洁文化建设摆在更加突出的位置。在党的二十大报告中，习近平总书记指出："加强新时代廉洁文化建设，教育引导广大党员、干部增强不想腐的自觉，清清白白做人、干干净净做事。"建德市纪委、市监委挖掘廉洁文化"源头活水"，牵头组织编写了《严州历代清官史话》一书，这也是建德市首次对本土历代名人廉政故事进行大规模挖掘、研究、求证、整理、编辑。编写工作自2024年年初启动，至9月底完成。

"云山苍苍，江水泱泱；先生之风，山高水长。"该书撷取了或可代表严（睦）州政声官声的 50 位清廉官吏，他们与严州渊源深厚，或出生在严州，或曾在严州任职生活。翻看他们的故事，我们会发现，在古老的严州文化涵养之下，一朵朵廉政之花争妍斗艳，历代严州人士和州县守令的廉政实践、廉政思想屡见史籍；以廉著称的历史人物，更为严州百姓口耳相传。这些人物个性突出，面貌各异：有的铁面谏政，固执较真；有的望乡下马，情商极高；有的知民疾苦，热血忠诚；有的勤政贤能，造福一方……但他们拥有一个共同的特点："廉"。他们的故事，蕴含着厚德养廉、公而忘私、清正自守、光明坦荡等丰富的廉政思想，足以潜移默化地将廉洁种子深植当今党员干部内心，使其学廉思廉践廉。

烈火淬炼，尽显清廉底色；晶莹如玉，温润君子之心。细究严州的廉洁文化，有其独特的成因和鲜明的特点：良好的山水人文环境，造就了区域人群包容柔顺、勤勉发愤的性格特征和克己中庸的仕宦心理；四通八达的交通枢纽地位和频繁的人员自由流动，对区域人群的精神追求和行为方式产生了正向影响，形成了事功义理并重、修身治国并举的地域文化传统；深植严州沃土的文化教育和著书立说、诗礼传家的文人传统，对仕宦行为起到了引导和规范作用。严州的历代贤守和州县职官，颇具家国情怀，热衷筑路修桥、疏浚开湖、兴文重教、鼓励农桑，普遍将爱惜民力、解纾民困、清廉自守视为自身的追求。

大力弘扬地域优秀传统文化，深度挖掘其廉洁文化内涵，有效提升廉洁文化传播力、渗透力、影响力，使党员干部从源头上筑牢拒腐防变的思想堤坝，是纵深推进清廉建德建设课题中的应有之义。今天，建德市纪委、市监委将严州历代官员廉政事迹编辑成册，汇聚历代廉政事略，梳理清廉踵继脉络，苕霅清风，传承有序。此举契合历史，应运当下。我们有理由相信，本书公开出版后，一些被历史尘埃淹没的珠玑事迹将重新焕发熠熠光辉，在教育党员干部、净化政治生态、引领社会风尚中发挥应有的作用。

溯本清源凝正气，崇廉尚洁续新篇。近年来，建德市纪委、市监委纵深推进正风肃纪反腐，同时注重正反两方面教育，以新时代廉洁文化建设为主线，深挖本土清廉因子，与澄清正名工作有机融合，持续擦亮"澄清门下道澄清"金名片，旗帜鲜明为担当者担当负责，为干事者撑腰鼓劲。同时，在培育廉政教育品牌、丰富廉洁文化供给、拓展清廉建德阵地建设等方面积极探索、持续发力，引领广大党员干部群众知廉、崇廉、尚廉、倡廉、行廉，实现共同提升精神面貌、凝聚思想动能"双赢"目标。《严州历代清官史话》的出版，正是践行上述理念的又一项重要成果，该书亦是党员干部筑牢信念基石、锤炼高尚品格、强化廉政教育不可多得的读本。

本书在编纂过程中，建德市委常委、市纪委书记、市监委主任徐军飞同志高度重视，主持策划了整个征集活动，组织审定编辑出版方案，参与审稿定稿。编委会对征集到的作品择优选粹、精益求精。建德市政协文教卫体委、严州文化研究会、建德市作家协会有关专家学者，以及建德市纪委、市监委有关领导同志多次参加评审、修改和校核，对廉吏的选择、稿件的质量、书稿的编排等进行了多次协调和讨论。在征稿过程中，陈利群、朱睦卿、罗嘉许、汪国云、戴荣芳、沈伟富、黄建生、汪建春、董勇根、王娟等老师或提供稿件，或提出宝贵的意见建议，在此一并表示诚挚的谢意！

鉴于个别历史人物年代久远、资料查证较为困难，加之编者水平有限，本书尚有疏漏之处，敬请广大读者批评指正。

本书编委会

2024 年 9 月

目 录／ *CATALOGUE*

大唐名相宋璟：
持正义之天平，开廉洁之新风

宋璟（663—737），字广平，祖籍浙江建德三都宋公村。出生于河北邢州南和（今河北邢台市南和区）阎里乡宋台村。唐代四大名相之一。东晋开国侯宋兴（冀州太守、建德三都宋公村人）第十五世孙。宋兴有二子，长子宋夔后移居睦州淳安，成为淳安世代望族之一。次子宋奭，则回河北邢台南和定居，其第十四代孙就是"汉唐八相"之一的宋璟。

在宋璟的宦海生涯中，曾历职上党尉、凤阁舍人、御史台中丞、吏部侍郎、吏部尚书、刑部尚书等职。唐开元十七年（729）拜尚书右丞相。授开府仪同三司，进爵广平郡开国公，经武曌、中宗、睿宗、殇帝、玄宗五帝，在任五十二年。宋璟刚毅正直，清廉为民，勇于担当，一生为振兴大唐励精图治，与姚崇同心协力，把一个之前充满内忧外患的国家，改变为政治、经济、文化、军事处于世界领先地位的大唐帝国，史称"开元盛世"。

一、少有高名，自比梅花，傲霜斗雪显精神

宋璟，自幼聪慧过人，博学多才，尤擅长文学。七岁能作诗作文。一次，宋璟读到西汉贾谊的《鹏鸟赋》，仅看一遍，就能够通篇背诵。唐高宗调露年间，十七岁的宋璟便考中进士。当时有"三十少明经，五十少进士"的说法。因为唐代的科举考试非常困难，许多人一辈子都难以考中，五十岁能考中进士已经算是年轻的了。而宋璟在弱冠之年便进士及第，可见他才华横溢，是为当世之英才。

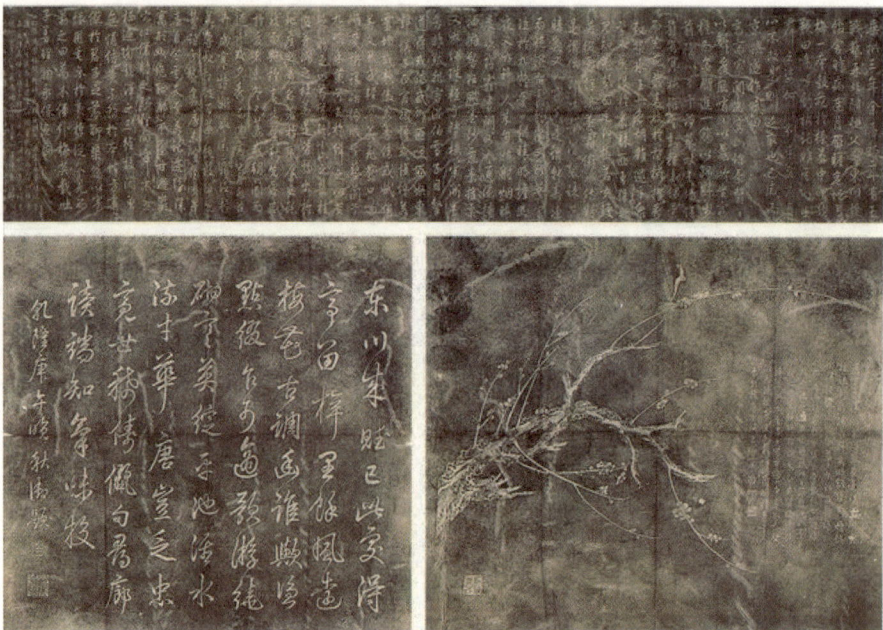

宋璟《梅花赋》

宋璟中进士后，曾跟随伯父在河北东川任上见习历练。二十五岁那年，宋璟在一次大病初愈后，来到一处荒废的花园中，此时正好雪后初晴，他偶然看到断壁残垣的墙脚数枝梅花在寒风中摇曳，尽管夹杂在荒草之中，但是，这些梅花依然在寒风中傲雪争春，芳姿俏丽，花香四溢。年少的宋璟触景生情，便写下了千古名篇《梅花赋》。

　　宋璟在《梅花赋》中，不仅浓墨重彩地描述了梅花那香气袭人的芬芳馥郁，更是对梅花的万千姿态加以歌唱。

位于梅城镇宋家湖边的开国侯坊（方韦 摄）

宋璟的伯父看了文章鼓励他说："万木都在严寒中僵卧，一无生机，梅花却在此时又一次开放，虽受冰冻，然而亭亭玉立，毫不改变它芳洁的节贞。你善于体察表现此物的美质，你也要像它一样坚贞不移。"

宋璟人生中的第一位贵人苏味道，是大唐律诗的开山鼻祖，与宋璟有着同乡之谊。永昌元年（689），苏味道迁任考功郎中（唐代尚书省所辖吏部，下置四司，各以郎中主其政），奉命"出使公选（出差为朝廷搜寻选拔人才）"。他从唐朝东都洛阳回故乡栾城，途经邢州，拜访故友李元恺。

李元恺把弟子宋璟引荐给苏味道，并请他点评宋璟新作《梅花赋》。苏味道看后，大为赞赏。与宋璟交流后，苏味道称赞宋璟有"王佐之才"，于是受李元恺委托，将宋璟举荐给武则天。宋璟由此步入仕途快车道，其《梅花赋》因以声名大噪。

在中国的文学史上，宋璟的《梅花赋》能够成为千古不朽的名篇佳作，原因就在于《梅花赋》写出了梅花所代表的天地间的浩然正气和士大夫的傲骨精神！曾经开创过康乾盛世的乾隆皇帝，对宋璟的《梅花赋》钟爱有加。他在南巡的时候，来到南和梅园梅花亭，亲笔书写了宋璟的《梅花赋》，还十分罕见地在题图上亲自作画梅花图一幅，一并赠送梅园留作纪念。

文如其人，文以载道。宋璟的人生道路，如傲霜斗雪的梅花，正气凛然。清芬高洁，从不向恶势力低头，他的精彩人生起步于《梅花赋》，得益于《梅花赋》，特别是他深刻领悟和汲取了《梅花赋》所体现的长留于天地之间的浩然正气。

二、为官一任，造福一方，"有脚阳春"传佳话

据《新唐书·宋璟传》记载：宋璟，耿直有大节，喜爱学习，工于文章，考中进士，调任上党尉，受武后朝宰相苏味道推荐。武则天非常欣赏宋璟的才干，提拔他担任监察御史，升任凤阁舍人。唐中宗接位，赞赏他刚直廉洁，敢讲真话，让他兼任谏议大夫、内供奉，每逢退朝后，就留下他谈论政务得失。一次，处士韦月将告发武三思秽乱后宫，武三思让主管部门论处韦月大逆不道之罪，皇帝下诏将韦月处死，宋璟请求将案件交由刑部查办。中宗大怒，衣衫不整地走出侧门，对宋璟说："朕已经说了要杀掉他，还请求什么呢？"宋璟说："有人说韦皇后偏爱武三思，陛下不加追问就将人杀掉，臣担心有人私底下对此议论纷纷，请求您查证后再施刑。"中宗越发愤怒。宋璟说："那就先杀了臣，否则，臣不会奉行诏令的。"皇帝才将韦月将流放岭南。

唐中宗复位后，宋璟迁为黄门侍郎，仍不改"鲠正"之风。神龙元年，武后的侄子武三思恃宠，请托宋璟，被宋璟严词拒绝。后来，中宗行幸西京，令宋璟检校并州（今山西太原西南晋阳城）、贝州（今河北南宫东南）两州刺史。当时河北频遭水灾，粮食歉收，百姓饥馁。武三思的封邑在贝州，但他置百姓的生活于不顾，仍派专使臣到贝州征收租赋，搜刮民膏。当地百姓已无力承受这

种盘剥。宋璟当时处于受贬的位置，但他首先替百姓考虑，不惧武三思势大压人，拒绝来使，拒交租赋。从而，百姓的生活困难在一定程度上得到了缓解。

从此，宋璟更受武三思的排挤，调任杭州（今浙江杭州市）、相州（今河南安阳市）二州刺史，"在官清严，人吏莫有犯者"，受到百姓的欢迎和爱戴。

景云元年（710），唐睿宗即位。迁宋璟为吏部尚书，同中书门下三品。"宋璟与姚元之（即姚崇）协心改革中宗朝弊政，进忠良，退不肖，赏罚尽公，请托不行，纲纪修举，当时翕然以为复有贞观、永徽之风。"官僚机构臃肿，冗官泛滥，铨选制度紊乱等一系列吏治上的弊病，从中宗景龙以来就十分严重，特别是公主、后妃们，依势用事，大搞"斜封官"。宋璟和姚崇在睿宗时，就着手吏治上弊病的整治。

景云元年，宋璟和姚崇等上言："先朝斜封官悉宜停废。"睿宗采纳了他们的建议，罢斜封官凡数千人。同年，睿宗又以姚崇为兵部尚书，宋璟为吏部尚书，负责铨选文武官吏。他们不畏强御，对"嬖倖用事，选举混淆，无复纲纪"的混乱状况大力整治，斩断向皇帝请谒讨官的各种途径。因而，一个时期内恢复了"三品以上官册授，五品以上制授，六品以下敕授，皆委尚书省奏拟，文属吏部，武属兵部"的"旧制"，使得吏治有所改善。

睿宗即位之初，太平公主挟持睿宗干预朝政，其时"宰相七人，五出其门"，宰相大都在她的控制之下。她与诸王结成朋党，交媾其间。宋璟与之斗争，被贬为楚州（今江苏淮安县）刺史。又历任魏、冀、兖三州刺史，以及河北按察使、幽州都督、御史大夫。

唐玄宗开元三年（715），宋璟认为太平公主势力太大，威胁到皇权的巩固。宋璟冒着巨大的风险，提出要把太平公主迁往东都洛阳，从而得罪了太平公主，由此被贬睦州刺史。睦州是宋璟的祖籍，他在任上率子女到三都宋公村祭祖，并且让他的第五个儿子宋恕定居睦州。宋恕，字推之，赋质英敏好读书。嗣圣元年授都官郎中，朝廷大事多所参议。不庇亲信，不阿权贵，中外惮之。其父宋璟被贬睦州时，其随父至睦，寻根祭祖。开元四年（716），宋璟调至广州任都督，临行语之曰："公村吾家肇源之地，庙墓在焉，吾以君命不可复违，留汝宜居之，复家于此。"

严陵宋氏，承袭优良家风，历代人才辈出，因此成为严陵的名门望族。严陵这一脉，其子孙后代涌现出很多的国家栋梁之材。在明代，严陵宋氏曾有祖孙三代进士及第的辉煌历史，其中宋贤还出任过山西巡抚。宋璟在睦州任上，清正廉洁，勤政为民，秉公办事，深受百姓爱戴。在宋璟的治理下，睦州民风得到很大的改变，出现了政通人和的新气象。后世的睦州人民为了缅怀宋璟的功绩，把宋璟评为明公贤侯之一，并且刻碑纪念。至今，严州的府衙内有赋梅堂、舍人桥、舍人井等纪念建筑遗存遗址。

开元四年，宋璟转为广州都督兼五府经略使。当时的广州虽然经过唐朝近百年的统治，但是由于远离中原统治中心，陆上交通不便，还是世人眼中的"蛮夷之地"，常常作为罪人的流放之地，经济和文化都比较落后，一些中原的先进技术还没有传过来。宋璟来到广州以后，看到广州的城市民居大多数以竹子和茅草修建房子，而且由于房子紧密，发生火灾一烧就是一大片，严重威胁到居民的生命和财产安全。史料称是"火灾岁起，煨烬无余"。宋璟到任后，就教人烧造砖瓦，把竹茅结构的房子改为砖瓦结构，有效解决了火势容易蔓延的问题。广州城内店铺和民居得以焕然一新，从此不再有大片房屋被烧的隐患。"不以善小而不为"，宋璟做事从来不求虚名，也不随波逐流沉迷于琴棋书画，而是脚踏实地地帮百姓解决实际问题。广州的社会经济也因此得到了很大的发展，百姓的生活也大为改善。老百姓十分感激和怀念宋璟的功绩，在宋璟调回朝廷以后，立"宋公遗爱碑"以纪念宋璟的惠政，并且建造生祠庙宇用来祭拜。宋璟听闻以后，忙上书玄宗请求禁止这种树碑立传的行为，他说："我对广州的治理还不足够好，不能作为纲纪来立碑，广州的官员或许是因为我正担任宰相，掌握大权而讨好我。这些碑文的溢美之词，都是献媚之词，不值一文。要纠正这种对当权者的阿谀之风，就请从我开始。"玄宗深为感动，下旨禁止给在任的所有行政长官树碑立传。对于给自己建造生祠的现象，刚到京城履职的宋璟，立马向皇帝请假，千里迢迢，策马奔赴广州，动员当地的官员和百姓，拆除所有颂扬自己的庙宇祠堂和塑像，然后回京复命。直到宋璟去世三十三年后，大书法家颜真卿为宋璟撰写墓志铭和神道碑时，才把他治理地方的功绩刻到石碑上。这块碑至今仍立于河北省邢台市郊。

宋璟在州县为清官能吏，在朝廷为良相宰辅。他走到哪里，就如阳春有脚一样，把春天温煦暖风带到哪——"有脚阳春"的典故一直传扬到今天。这是历史对宋璟的充分肯定和褒扬。

三、刚正不阿，敢讲真话，在大唐历史上独树一帜

宋璟秉性刚毅正直，品行高洁。在朝堂敢于犯颜直谏，不怕触犯皇权。在辅助朝政中，公正施法，敢于和一切邪恶势力作斗争。是整个唐朝政坛上名留青史、独树一帜的代表性人物。

武则天执政时期，宋璟从凤阁舍人升为御史中丞。当时，武则天的男宠张昌宗、张易之，依仗皇帝的宠幸，横行不法。一次，两人偷偷找人入宫给自己测算命运和前程，以图飞黄腾达，获取更大的权力。这是朝廷宫规中明文的禁忌。宋璟得知这一消息，立即派人把张昌宗、张易之兄弟抓进大牢，关押起来。武则天得知之后，派人持诏书把两人特赦出来。张昌宗、张易之回到宫中，一把鼻涕一把眼泪，向武后哭诉邀宠，要求武则天治御史中丞宋璟的罪。武则天不愧是一代英明之主，她表面上安慰两位男宠，但是却没有开罪宋璟。第二天，宋璟上朝的时候，与武则天当面争论，一定要把"两张"绳之以法。为了缓解与宋璟的关系，武则天让张昌宗、张易之兄弟，到宋府登门请罪。宋璟将两人拒之

门外，不屑与之相见。张昌宗、张易之兄弟只得狼狈回宫，并再次向武则天告状。武则天知道宋璟的为人，没有听信他们的谗言，而是要两位男宠以后远离宋璟，不要再惹是生非。

长安三年（703），御史大夫魏元忠被张昌宗、张易之诬构。张易之还贿赂凤阁舍人、著名诗人张说，让他作伪证。张说迫于张昌宗、张易之的威胁，答应给他们作伪证。当天上朝将至御前作证时，同为凤阁舍人的宋璟就对张说道："一个人一生最重的是名誉气节，不可只图个人苟生，陷诬好人。即使因此被谪官流放，他的美德会受到人们的歌颂。倘有不测之祸，准备叩请天子赦免，要死与你一起去死。努力为之，万代瞻仰，在此举也。"殿中侍御史张廷珪、左史刘知几也勉励张说。张说受到众人激励，在廷辩时如实上奏，使魏元忠免受陷害。武则天虽然明白魏元忠是被诬害的，但因张昌宗的缘故，仍贬他为端州高要县尉。殿中侍御史王晙上奏为魏元忠申辩。宋璟劝道："魏公已侥幸免死，现在你又来惹天子发怒，能不倒霉吗！"王晙大义凛然地说："魏公忠正无二却受到处罚，我激于正义才这样做，即使因此而颠沛流离，也不会后悔。"宋璟惭愧地道："宋璟不能辨明魏公所受的冤屈，实在是有负于朝。"

神龙元年（705），张柬之等人发动神龙政变，包括宋璟在内的群臣拥立唐中宗复辟李姓王朝，逼迫武则天退位。随后，宋璟升迁为朝散大夫、吏部侍郎兼谏议大夫，又改任黄门侍郎。当时武则天的侄子武三思与中宗皇后韦氏勾结，恃宠擅权，秽乱后宫。很多官员敢怒不敢言，有的甚至巴结投靠武三思和韦后的门下，以此获得加官晋爵。宋璟不仅不去巴结武三思等权贵，还多次上奏弹劾武三思，因而得罪韦皇后和武三思，被贬贝州。后宋璟因治理州县有功，又被召回朝廷。一次，武三思有事请托宋璟，又被宋璟拒绝，斥责武三思是外戚，不得干预朝政。

宋璟在担任右丞相兼吏部尚书时，在唐玄宗的支持下，推行一系列重大改革措施。其中他提出的"均田制"改革，虽然抑制了地主豪强缓解土地兼并问题，保护小农经济，但却触动了大地主的利益，引起了强烈反对。但是，宋璟不为所动，强烈推行这项改革举措，从而促进了农业经济的发展。广大农民安居乐业，社会也开始稳定下来。

在官员选拔的问题上，宋璟主张选贤任能，反对任用宗室和外戚。他认为，这样做可以避免裙带关系，保证官员的质量。但这一建议触及了皇室的利益，引起了皇亲国戚的强烈抵制。宋璟坚持原则，决不退让，并争取了玄宗皇帝的支持。

开元七年（719）冬，候选官员云集京城，听候选拔。唐玄宗想趁此机会，通过吏部考核，把他的妻舅、岐山县令王仁琛提为五品官，到朝中任职，实际就是利用皇帝特权，照顾皇亲。宋璟听说后，极力反对，他上奏玄宗说：用人应公正无私，要唯贤，不唯亲。对皇亲国戚可以适当照顾，但适可而止。王仁琛当岐山县令，已经照顾他了，如果再硬提升，不合任贤原则，朝野也会议论这件事，希望陛下把这件事交吏部考核办理，决定提升与否。唐玄宗认为宋璟出于公心，说得合情合理，采纳了他的意见，不再提王仁琛的事。

同时，宁王李宪也向玄宗上奏，请给他的亲戚、候选官员薛嗣安排一个官职。宋璟得知此事，上奏玄宗说：安排和提拔官员，应通过吏部考核，以其功劳和才干安排合适官职。安排官吏应公平合理，不徇私情，因而宁王所奏薛嗣为官一事，我的意见是陛下不必操心，交吏部秉公办理。玄宗认为宋璟说得有理，就不再管宁王的事。

这一年宋璟堂叔父宋元超作为一名候选官员来到京城，亮出当朝宋璟宰相叔父的这块牌子。宋元超觉得自己的叔伯侄子是当朝宰相，又主抓选拔官员的吏部，自己弄个一官半职十拿九稳。宋璟听说后，给吏部写了一封信表明自己的态度：宋元超的确是我的堂叔父，他是我的长辈，我不能不认这层关系，但我不能因为他是我的叔父而照顾他。如果他不挑明是我的叔父，尚可按规定由吏部考核，他既然亮出是我叔父的牌子，企图走我的后门，通过不正当手段当官，自然不合乎当官需要德才兼备中的"德"的条件，请取消他候选官员的资格，以示警戒和惩罚！宋元超弄巧成拙，自讨没趣，快快而回。

在推行这项用人制度的改革的时候，宋璟以身作则，不徇私情。在他担任宰相兼吏部尚书时，也时常能收到文人干谒的诗文。有一天，吏部主事给他转呈了一篇署名"山人范知睿"的《良宰论》，并介绍说此人很有学问，是个人才。宋璟听了极为高兴，赶忙拿起《良宰论》认真地阅读起来。初看这篇文章时，宋璟觉得写得条理通顺，议论风生，连声赞叹道："不错，不错，才堪重用。"可是读到文章的后一部分，他的眉头便皱起来了，因为范知睿在文章里把宋璟吹捧成超过古代晏子、张良，远胜太宗时的魏征、房玄龄，还把天下描绘得一片太平。宋璟一边看一边说："这太过分了。"读完全文，宋璟对恭立一侧的吏部主事说："观其《良宰论》，颇涉佞谀。山人当极言谠议，岂宜偷合苟容？文章若高，自宜从选举求试，不可别奏。"意思是说，这个人的文章里面净是阿谀奉承的话，隐士当直谏忠言，怎么能曲意相迎？

这些改革措施虽然初衷良好，但在实施过程中遇到了重重阻力。一些大臣开始在唐玄宗面前说宋璟的坏话，称他固执己见，僭越了皇帝的权力。虽然唐玄宗虽然明白宋璟的用意，是为了大唐的江山社稷，但是这些话听多了，唐玄宗自然而然产生了怀疑。由于政治上安于现状，在吏治方面也慢慢受到后庭和宗族、姻戚的影响，加之李林甫、杨国忠等奸相为辅，由姚、宋苦心建立起来的政治纲纪，很快被他们破坏殆尽。相传，安史之乱发生后，唐玄宗狼狈逃到咸阳，一位长者向玄宗说："臣犹记宋璟为相，数进直言，天下赖以平安。自顷以来，在廷之臣以言为讳，维阿谀取容，是以阙门之外，陛下皆不得知，草野之臣，必知有今日久矣。"这是对玄宗的批评，也是对宋璟的赞扬和肯定。

四、倡导节俭，反对腐败，清廉之风传之后世

开元四年（716），在宋璟出任宰相之初，就向玄宗皇帝提出，要抑制奢靡之风，提倡节俭办事。并且说，只要有节俭的皇帝，就一定会有清廉的官员，官场的腐败之风就能得到治理。大力提倡官员从上到下要秉公执法，廉洁行政。在宋璟等大臣的劝说下，唐玄宗厉行节约，上行下效，这也是"开元盛世"出现的原因之一。宋璟宦海沉浮五十余年，先后在朝廷多个部门任职，又在多个州府主政一方，他爱民恤物，是历代官员清正廉洁、勤政爱民的表率。

大唐立国之初，有一项规定，就是地方官吏每年要进京述职，向皇帝和丞相及吏部报告自己执政一年来的得与失。于是有的官员报喜不报忧，刻意粉饰太平。为了取悦皇帝和众位大臣，还天花乱坠鼓吹自己如何勤政有为，有的还把当地的奇珍异宝、搜刮来的金银财物，进献给皇帝和大臣，冠冕堂皇地行贿受贿。到了唐玄宗时期，这种风气大行其道，而且愈演愈烈。对此，宋璟忧心忡忡，在受命丞相兼吏部尚书之初，根据自己在州府任职的切身经历，经过深思熟虑之后，郑重向唐玄宗提出，要皇帝带头，把各路来京地方官送的金银财物、奇珍异宝，包括价值二十文（相当于一斤猪肉的钱）以上的土特产品全部上缴国库。唐玄宗欣然接受宋璟的建议，并带头捐出所受礼品和金银财物。为了杜绝一

些不法之徒钻空子，宋璟还特别建议，在地方官吏进京述职时，身边必须要有监察官员和谏议官员在旁监督，宫廷史官在一旁负责现场记录。即使向皇帝述职也不例外。宋璟的这一建议，不仅对宵小之徒谎报政绩、妄进谗言起到了一定的抑制作用，同时也限制了皇帝的自由和特权，侵犯了皇帝至高无上的皇权，在反腐倡廉制度设计上具有重要的历史意义。作为具有至高无上权力的皇帝，唐玄宗能够坦然接受，与唐玄宗统治前期开阔的胸襟是分不开的，也体现了唐玄宗对宋璟的极大器重。据说，当时的唐玄宗就像对待老师一样倚重宋璟。宋璟一到，唐玄宗便出门相迎；宋璟要走，唐玄宗便要送到门外。如此一来，不仅极大提高了宋璟在朝臣中的地位，也使君臣之间的关系更为和睦。为了强化这一反腐倡廉制度设计的威慑作用，宋璟还建议唐玄宗把这一制度进行延伸。即每次朝会之后，皇帝和主要大臣们议事，也都要有监察官员、谏官言官、宫廷史官在场，进行监督，记录在案。借以防止奸佞之辈，进谗言，迷惑皇帝，祸乱朝纲。这个建议是对皇权的更大制约，虽然玄宗皇帝有些不快，但是他还接纳并施行了这一制度。一时间，大唐朝堂内外，出现了历史上罕见的风清气正、君臣协力同心的新气象。

开元四年（716），唐玄宗出京，东祭泰山。出巡到河南地界，发现道路狭窄破烂，不易通过。唐玄宗大怒，把河南尹李朝隐叫来，大骂一通，要革除他的官职。宋璟就力劝玄宗皇帝不要采取过激行动。他说："倘若你今天把河南尹李朝隐罢官，明天新上任的河南官员，立马就会去征集民夫，重修马路。那样的话，就会增加国库支出，是一件劳民伤财的事。"玄宗皇帝觉得宋璟言之有理，就不再追究河南官员的责任了。

开元五年（717），唐玄宗提出要到长安城外建一座规模宏大的离宫。宋璟急忙上奏，说："社会刚刚安定，经济尚在恢复之中，国库还不够殷实。要爱惜民力，此时不宜大兴土木，建造豪华的宫殿。"在宋璟的耐心劝说之下，唐玄宗遂放弃了建造离宫的打算。

开元七年(719)，唐玄宗的岳父去世，玄宗皇帝计划大兴土木，厚葬岳父王仁皎，宋璟坚决反对，认为过度奢侈不符合国家的俭朴原则。他的劝谏使唐玄宗重新考虑，未因个人感情而放松法度，最终放弃了厚葬的计划。

唐开元之前，王毛仲曾是临淄王李隆基的家奴，参与平定韦后、太平公主之乱，李隆基继位为唐玄宗后，授予他为大将军，后因诛杀萧至忠等有功，又升为辅国大将军。王毛仲从而成为权高位重的禁卫军将领、玄宗皇帝的宠臣，因此飞扬跋扈、猖狂到了极点，许多文武官员都争相巴结他。但宋璟讨厌他的为人，从来不去刻意讨好他。王毛仲的女儿将要出嫁，唐玄宗问他还缺什么东西。王毛仲叩头回答道："臣万事均已齐备，只是没有请到客人。"玄宗问道："难道是张说、源乾曜这些大臣喊不来吗？"

王毛仲回答说："这些人已经请到了。"玄宗说："朕知道你请不动的只有一个人，那就是宋璟。"王毛仲回道："正是。"玄宗笑着说："朕明天亲自替你请客人。"第二天，玄宗对宰相说："王毛仲为女儿办喜事，你们应当与各位朝廷要员一起带上礼物去他家贺喜。"直到正午时分，所有的宾客还都不敢动筷子，只为了等宋璟一人。过了很久，宋璟两袖清风，没带任何礼物，却姗姗来迟。他到场之后，先端起酒杯向西行礼拜谢君命，然后未等喝完这一杯酒，便忽然说腹中疼痛难忍而退席回家。

虽然极其厌恶王毛仲，但因为皇帝说话了，让他到王毛仲家吃喜酒，他不能不给皇帝面子；但宋璟到了王家没带任何礼物去趋炎附势，并且到了之后却只是举杯"行礼拜谢君命"，然后立即找个理由离开。这样既给了皇帝面子，又保持了自己不与王毛仲同流合污的清廉气节。这既是为人刚直之举，也是一种处世的智慧。

在宋璟执掌朝政期间，皇帝能虚心纳谏，不求奢华，带头厉行节俭。朝廷和地方官员走歪门邪道希求上进之路就此断绝，而京城高官们收礼受贿之风也为之一肃。唐王朝的经济日趋繁荣，国力不断提升，国库充盈，人民生活安定，到处呈现出路不拾遗的一派太平景象。"开元盛世"就此到来。

唐玄宗前期，在姚崇、宋璟的协助下，整个唐王朝政治清明，官员腐败现象得到了遏制。但是，当开元盛世到来，国库金银堆积如山的时候，唐玄宗开始讨厌天天喋喋不休的宋璟了。开元十一年（723），宋璟见唐玄宗听不进劝解，我行我素，便提出告老还乡。虽未获唐宪宗同意，但宋璟自此也渐渐淡出朝廷政务。由此，唐王朝固态复明，唐玄宗开始喜欢过奢华的生活，官场的腐败之风迅速蔓延。这一年，朝中发生了一起触目惊心的西安都护赵含章行贿巨案，数以百计的朝廷官员接受贿赂。唐玄宗十分震怒，让所有受贿的朝官统统跪下受罚，其中只有宋璟没有接受过贿赂，唐玄宗十分感慨地对宋璟说："自古以来，以清白留给子孙的，我朝只有爱卿一人啊！"由于宋璟清正廉洁，深受玄宗信任，这也是唐玄宗痛定思痛之后的肺腑之言。

书圣颜真卿曾评价宋璟说："逆鳞剚上，匡救之义深；守死不回，人臣之致极。况乎文包风雅，道济生灵，建一言而天下倚平，含九德而三光式序。超无友而独立者，其惟广平公平？"宋代大史学家、政治家司马光也曾评价说："姚（崇）宋（璟）相继为相，崇善应变成务，璟善守法持正。二人志操不同，然协心辅佐，使赋役宽平，刑法清省，百姓富庶。唐代贤相，前称房（玄龄）杜（如晦），后称姚宋，他人莫得比焉。"他认为，皇帝即位以来，所用之相，姚崇尚通，宋璟尚法，张嘉贞尚吏，张说尚文，李元纮、杜暹尚俭，韩休、张九龄尚直，各其所长也。宋代王令也有言："宋璟第一，李广无双。"

历史是一面镜子，照亮过去，也照亮未来。在新的历史时期，我们也一定要借鉴历史的经验教训，为新时代大兴清廉之风提供历史文化精神力量。

（撰文：陈利群）

杜牧为民除弊

　　杜牧是唐代著名诗人，与李商隐齐名，号称"小李杜"（大李杜乃李白、杜甫）。两对"李杜"中，只有杜牧出任过地方首长——刺史，并且有两任刺史（睦州和湖州）都在如今的浙江省境内，这也算是这位大诗人与浙江的一段缘分了。

　　杜牧（803—852），字牧之，号樊川，京兆万年（今陕西西安）人，曾任中书舍人。中书省曾名紫微省，故后人又称其为"杜紫微"。杜牧诗歌以七绝称著，功力直追王昌龄和李白，《山行》《赤壁》《清明》等诗，皆为千百年来脍炙人口之作。杜牧的散文也很有名，一篇《阿房宫赋》名满天下。同时，杜牧对于兵法也很有研究。大和二年（828），

杜牧像

二十六岁的杜牧考中了进士，授弘文馆校书郎，之后在今江西、安徽、江苏一带做了几年幕僚。清闲的幕僚生涯为风流放荡的杜牧"赢得青楼薄幸名"，成为一个天下闻名的风流才子。后入京任左补阙、史馆修撰、比部员外郎等职。武宗会昌二年（842），出为黄州刺史，后任池州、睦州刺史，大中二年（848），召为司勋员外郎、史馆修撰；大中四年（850），复出为湖州刺史；次年，被召入京，任考功郎中、知制诰；第三年，迁中书舍人，岁暮，卒于长安，终年五十岁。

会昌六年（846）九月，杜牧由池州（今属安徽）移任睦州刺史。

池州从治所秋浦县出长江，沿江而下，转运河入浙，至钱塘（今杭州），溯江而上，于年底始抵达位于新安江、兰江、富春江三江交汇处的睦州治所建德。有《新定途中》（"新定"为睦州古称）诗记旅途的艰辛："无端偶效张文纪，下杜乡园别五秋。重过江南更千里，万山深处一孤舟。"将自己比喻为东汉直臣张纲，因为忠直得罪了权贵，被派到这万山丛中来当差。后来在回顾这段行程时曾说："东下京江，南走千里，曲屈越嶂，如入洞穴。惊涛触舟，几至倾没。"（杜牧《祭周相公文》）自从会昌三年（843）离开长安，历任黄、池、睦三州刺史，已是"三守僻左，七换星霜"（杜牧《上吏部高尚书状》），离京城越来越远，因而倍加思念京都的朋友和亲人，发出了"如今归不得，自戴望天盆"（《忆游朱坡四韵》）的感叹。以汉初才子贾谊自比："贾生辞赋恨流

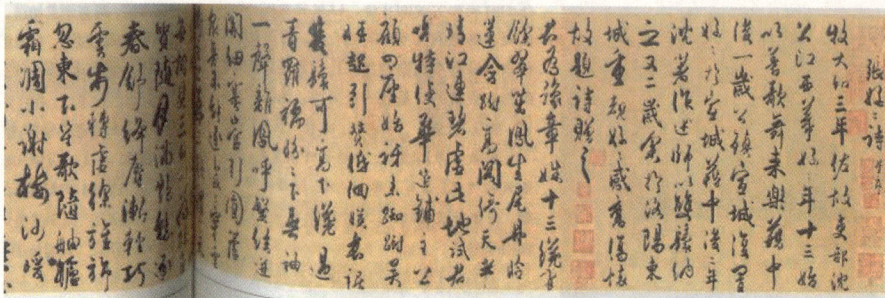

杜牧手迹《张好好诗贴》

落，只向长沙住岁余。"（《朱坡绝句三首》）贾谊贬为长沙太傅，不过一年，文帝就十分思念，派人召见，自己离开长安七年多了，却不见朝廷有什么动静。

唐代的睦州还是个偏远小郡，"万山环合，才千余家。夜有哭乌，昼有毒雾。病无与医，饥不兼食，抑暗逼塞，行少卧多，逐者纷纷，归轸相接。"（杜牧《祭周相公文》）完全是蛮荒之地的光景。州境如此，州城也好不了多少："睦州治所，在万山之中，终日昏氛，侵染疾病。"（杜牧《上周相公文》）其闭塞和落后可以想见。

"越嶂远分丁字水，腊梅迟见二年花。"（《正初奉酬歙州刺史邢群》）睦州山乡，地处偏僻，但山水明瑟，风光秀丽，这给诗人落寞的心情多少带来一些安慰。秀丽的风光触发了杜牧的诗情，他在这里写了许多好诗，尤其是描写自然风光的山水诗写得非常美，如"凉风满红树，晓月下秋江"（《秋晚早发新定》）、"水声侵笑语，岚翠扑衣裳"（《除官归京睦州雨霁》）、"笛吹孤戍月，犬吠隔溪村"（《夜泊桐庐先寄苏台卢郎中》）。《睦州四韵》更是被认为千百年来描写睦州山城风光的代表之作——

州在钓台边，溪山实可怜。

有家皆掩映，无处不潺湲。

好树鸣幽鸟，晴楼入野烟。

残春杜陵客，中酒落花前。

杜牧关心民生疾苦，常常走访民间，了解民情。杜牧发现，除了落后闭塞以外，睦州的盐税问题更是触目惊心。

食盐是生活必需品，涉及国计民生，历代统治阶级都十分重视食盐的经营和管理，盐政是国家经济制度的重要内容。自汉代以来，盐铁皆为官营，由政府垄断。唐代初年，盐铁是放开的，原无盐税，至唐玄宗开元年间才开始征收，安史之乱后，收为官营。

宝应元年（762），刘晏改革盐法，改官运官销为商运商销，称"榷盐法"。食盐由民制官收，加税后（寓税于价）转售给商人；商人领盐后可以自由运销，所过州县不再征税，即民制、官收、官卖、商运、商销，史称"就场专卖制"。盐商属特殊户籍，称为"盐籍"，不受州县统辖，直隶于盐铁使或度支使，并规定父子相承，世代为业，不得随意脱籍，时称"土盐商"。土盐商多由"土豪百姓"或失意官吏担任。为确保新政施行，在原有的亭、场、监等管理盐户的盐政机构以外，又于各地列置巡院，缉捕私盐。新政的施行收到了很大的效果，改善了国家的财政。

刘晏死后，盐法弊端渐生：官府只管向盐商收钱，"每年纳利""监院多是诛求，一年之中，追求无已"，如果找不到土盐商，就拘捕其"父母妻儿，锢身驱将，得钱即放"。因为"盐籍"不归地方管，因此盐监到地方上"追呼求取"，抓人、捕人，地方官也无权干涉，见死而不能救，"直是睦州刺史亦与作主不得"。如果不想"裹四千里粮，直入城役使"，就只有逃亡一条路，"破散奔走，更无他图"。加上办差抓人的衙役，如狼似虎，敲骨吸髓，"针抽缕取，千计百较，唯恐不多，除非吞声，别无赴所"（以上引文均见杜牧《上盐铁裴侍郎书》）。土盐商被逼得走投无路，影响了食盐的销售和供应，也影响了社会的稳定。

唐穆宗时，户部侍郎张平叔已经指出榷盐法的弊端，请求恢复官营，但遭到韩愈等人的反对而未果。在池州、睦州任地方官的经历，使杜牧目睹了榷盐法的流弊，促使他上书朝廷，痛陈利弊，请求恢复江淮留后，以便管理地方上的盐务。杜牧指出，土盐商皆为地方"州县大户"，如因销盐而导致破产，将动摇地方根本，引起社会的动荡。

杜牧在这里提出的是一个带有普遍性的问题，不止睦州一地的问题，而是遍及全国的大问题。他看出了榷盐法的弊端和漏洞，建议重新设置江淮留后，以保证"数十州土盐商免致破灭，除江淮之大残"。由于缺乏史料记载，无法确知杜牧这次上书的结果如何，但他这种为民请命、维护国家长远利益的精神是值得肯定的。

大中二年（848）秋八月，因为宰相周墀的推荐，杜牧被任命为司勋员外郎、史馆修撰，九月，乘船离开睦州赴长安就任。"凉风满红树，晓月下秋江。岩壑会归去，尘埃终不降。"（《秋晚早发新定》）连天公也来作美，雨后天晴："水声侵笑语，岚翠扑衣裳。"（《除官归京睦州雨霁》）惊涛化作笑语，昏氛变成岚翠，都来分享诗人的喜悦了。

无论在诗坛或是政坛上，杜牧都是晚唐时期的一个重要人物，新、旧《唐书》均为之立传。杜牧在浙江的事迹主要发生在杭州和湖州，而直陈盐弊一事，尤可看出这位风流才子内心忧国忧民的真实一面。

（撰文：朱睦卿）

李频以法理政

在晚唐的衰局中，仍然有一些清醒的政治人物，明知无法挽狂澜于既倒，但也竭力要凭借手中有限的权力尽量为国家出力、为百姓解难，杜牧是这样，李频也是这样。

李频（818？—876？），字德新，睦州寿昌（今浙江建德）人，故居在今建德市李家镇。李频的祖上原是中原人氏，唐德宗贞元年间（785—805），其祖李芳出任江南节度使，"行部至寿昌，卜宅长汀之胜，奉母遂居焉"（翁洮《卜居寿昌长汀始祖江南节度使李公传》）。长汀源为李家的一条山源，青山绿水，环境幽静，风光宜人，李芳"行部"（巡行、视察，官员下基层考察、调研）至此，爱上了这里的环境，就建了房子定居

李频像

下来。李频应该是李氏迁居江南睦州的第三代，可说是新来的居民。

李频自幼聪颖，好读书，善诗文，尤长于诗歌，曾筑室西山，闭门读书，与州人方干、翁洮、喻坦之为友，切磋诗艺。给事中姚合有诗名，为当时诗坛盟主。李频怀揣诗稿，跋涉千里，来到长安，求其品题。姚合读过诗稿，十分赞赏，加之李频生得一表人才，姚合十分喜欢，"爱其标格"，竟将其招为东床快婿。从此，李频就住在长安姚府，专心攻读，准备考试。李频在姚家待了十年左右，考了好几次，直到唐宣宗大中八年（854）约三十六岁那年才考中进士，经过几次地方官的周转，于唐懿宗咸通年间（860—873）被任命为武功县令，成为一方父母官，方始能施展他的抱负。

武功县为京师长安属县，乃京畿之地，权贵势力很大，社会关系错综复杂，向称难治，加之当地百姓大多加入神策军，就更难管了。

神策军为唐代后期的禁军，负责保卫京师的安全，由宦官统领，首领称左、右厢都知兵马使。中唐以后，藩镇割据，宦官专权，皇帝不信任外官，宦官气焰熏天，把控朝政，到了可以废立皇帝的程度。宦官统领的神策军拥有种种特权，"奖吏升迁，多不闻奏，直牒中书令复奏施行，迁改殆无虚日"，神策军违法的事件比比皆是，甚至连御史都不敢去管，可见其气焰之甚。李频到武功当县令，如何处置嚣张的神策军是一个绕不过去的问题，耿直的李频决心碰一碰这个硬骨头。据《新唐书·李频传》的记载：

> 于是畿民多籍神策军，吏以其横类假借，不敢绳以法。频至，有神策士尚君庆，逋赋六年不送，悍然出入闾里。频密擿比伍与竞，君庆叩县庭质，频即械送狱，尽条宿恶，请于尹，杀之，督所负无少贷。豪猾大惊，屏息奉法，县大治。

"神策军皆长安富家子，赂宦官窜名军籍，厚得禀赐，但华衣怒马，凭势使气"（《资治通鉴》卷二五四）。当地百姓多加入神策军以维护自身的特权，官府都惧怕他们，不敢去管。尚君庆六年不交皇粮国税，绝非孤例，要管好武功，非要把这股歪风打压下去不可，李频决定抓住尚君庆这个典型，狠狠地打击一下。他暗中派人找尚君庆挑事，待尚到县衙告状时，乘势将他拿下，关进大狱，然后将早已掌握的他的违法行为一一上报给京兆尹，按律斩首，并追缴所欠的国税。那些仗势违法的"豪猾"们一见势头不妙，一个个"屏息奉法"，再也不敢捣乱，武功县的社会状况大为改善。

在武功，李频一手抓法制，做好社会安定的工作；一手抓发展生产。水利为农业的命脉，武功地处关中平原，多引渭水灌溉，水利尤为重要。"有六门堰者，废废百五十年。"六门堰是武功

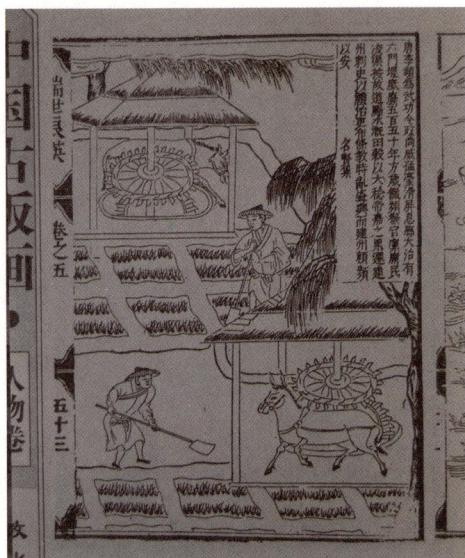

李频理政图

县的一条大渠，荒废了一百多年，修复起来有很大的难度，他趁灾年救赈之机，召雇饥民，以工代赈，疏浚堰渠，"按故道厮水溉田，谷以大稔"（《新唐书·李频传》）。水利保证了农业的丰收，老百姓纷纷称颂李频的功绩。豪强伏法，县以大治；谷以大稔，道无饥民，社会始能安定，李频抓住了治理国家的要领。事闻于朝，"懿宗嘉之，赐以绯衣、银鱼"，给予奖赏。咸通十二年（871），擢升侍御史，负责督察、弹劾官员，"守法不阿徇"；不久，又升为都官员外郎。

咸通十四年（873）七月，唐懿宗李漼病死；年仅十二岁的李儇即位，是为僖宗，次年改元乾符。僖宗是个孩子，只知在宫中戏耍玩乐，权力全由宦官把持，朝政更加混乱，政治斗争更加险恶。为了避祸，也为了能有所作为，李频选择了外放，去地方上任职，以凭借手中有限的权力为老百姓们做点实事，武功县的实践就是证明。于是李频主动要求外放建州（治所在今福建建瓯市），获得批准后，于乾符二年（875）正月离京赴任。

选择建州可能有两个原因：一、建州位于睦州南面的武夷山下，与睦州一样同属山区，往建州赴任，睦州是必经之地，可以顺便回家探亲、叙旧；二、建州离睦州不算近，但也不是很远，既不违反官员不得在故乡任职的规定，又可以与家人保持相对密切的联系。

有了在武功任地方官的经验，李频更加坚定地在建州推行以法理政的理念。《新唐书·李频传》记载："既至，依礼法治下，更布条教。时朝政乱，盗兴，相椎夺，而建赖以安。"是时，黄巢起义已经爆发，在一片乱局之中李频仍然坚持依法行政，他用理性的法制化行为和自身的人格魅力，在晚唐的乱世中保留了一块乐土，这是很了不起的。

李频离京时已臻晚年，到建州后又勤于政事，整顿乱局，第二年就病逝于任上（李频的卒年至今未有定论，姑从逝于此年之说）。为了纪念这位勤政爱民的好官，建州百姓在城外梨山立祠建庙，名"梨岳庙"，尊他为一方之神，祈求他能死后显灵，保佑一方平安。经过历朝皇帝的敕封，李频的"爵位"越来越高，最后竟封为"灵佑善应广济王"。诗人死后被追封为神的恐怕李频是唯一的一个。百姓们用梨山上的大梨木雕成李频像，立于庙堂之上。"建安梨岳老梨木，刻作唐朝建州牧。"宋人的诗句形象地描述了当时庙貌森严的景象。

李频深受儒家思想的影响，主张积极入世；同时也吸收法家以法治国的思想管理社会。"惠人须宰邑，为政贵通经。"（李频《送寿昌曹明府》）要为民谋利、造福（"惠人"），就必须去做最基层的父母官；而为政的要道或曰指导思想则是儒家的经典（可贵的是李频并不排斥法家的思想，而是吸收法家的一些做法来治理国家）。这两句诗可谓李频一生从政的十字方针，贯穿其政治生涯的始终。

来自农村的李频深知农家的艰辛，十分关心民生疾苦。"但如诗思苦，为政即超群"（李频《送德清喻明府》），这是他写给同僚的诗句，也是他为官的心得：做官若能像写诗那样用心，你的政绩肯定会好。在赴任建州抵达州境时，他写下了两首诗，表达自己的心情："入境当春务，农桑事正殷。逢溪难饮马，度岭更劳人。想取蒸黎泰，无过赋敛均。不知成政后，是谁得为邻。"（《之任建安渌溪亭偶作二首》之一。建安为建州首县）诗中再一次表达了李频的执政理念：为政公平。

唐代以诗鸣世，是中国古代诗歌史的巅峰，社会生活中几乎所有的题材在诗歌中都有所反映，出现了后世盛称的山水派、田园派等等诗歌流派和李白、杜甫这样伟大的诗人，但如李频这样以一个基层官吏的身份抒写执政理念，并从执政理念出发呼吁改善民生疾苦的诗人却十分罕见。唐代有不少现实主义诗人，他们呼吁民生疾苦，揭露黑暗现实，写下了"朱门酒肉臭，路有冻死骨"（杜甫）、"是岁江南旱，衢州人食人"（白居易）这样著名的诗句，这些诗句直面现实，揭露黑暗，是了不起的，但也仅止于写实的层面；李频的诗则不同，他比这些反映现实的作品要深一层，他不仅看到了社会的不公，还提出了疗救的路子和方法，这也许是《新唐书》将他的事迹安排在艺文传中的原因吧。

李频死后，家属原拟扶枢回睦州原籍安葬，但此时黄巢义军已入江南，道路不宁，走到邵武（今福建光泽县），再也无法前行，只得在县郊之上乌洲择地安葬，后世子孙遂在此守墓定居，后来竟发展成一个大村落，名曰"乌洲李氏"。乌洲李氏保持了李氏诗书传家的家风，出过很多有影响的学者，如宋代的李深、李吕等，号称"李氏七贤"，在闽学中有很高的地位。

（撰文：朱睦卿）

致力寿昌县城建设的县令戴筠

　　戴筠，字国器，父戴瑞，仕临安教谕，居亳州（今属安徽）。唐昭宗大顺二年（891），登进士第，景福二年（893），授寿昌县令。受祖训之育，自幼品行端庄，不私不党，公而忘私，不欺弱童，

寿昌西湖（胡建文　摄）

不惧恶少。

时值黄巢农民起义失败，民间传说黄巢曾兵过寿昌县境，战事之后百废待兴。戴筠经过对城乡内外、山水之间的调研，决定以整饬衙纪为先，采取以兴修水利、扶持农桑、开拓市井三位一体的施政方针，深得百姓的赞赏和支持。

一是整饬衙纪。戴筠到任不久，即于城西门外复建社稷坛。社稷坛主祀社稷之神，社为土地神，稷为五谷神，有土地积五谷方能国泰民安，即为社稷之意。祭祀为每年春秋仲月戊日，祭品猪羊各一只，帛两匹，铏（古代祭祀盛羹的器具）一副，笾（古代祭祀放果品，干肉的竹编食器）两对，簋（古代祭祀盛谷物的器皿）两只，簠（古代祭祀盛物品的器具）两只。在祭社稷神时，县衙官员须齐声朗读祭文。春祭时县令当众宣布新的一年须办政务，具体落实六房主事衙役办理，秋祭时以查证政务执行情况，有弊端者令其正之。

戴筠严格县衙纪律，十分重视衙纪衙风建设。每天天微亮，即集三班六房衙役、内勤等人员于衙前点名，安排一天必办的公务。因清晨之时正合地支第四位，即卯时，后来便将清晨点名称为"点卯"了。

二是拓展市井。万松山南麓时为一片沙滩（今深挖仍可见沙土），县衙坐北朝南，依屏山而建，距艾溪只有里许，建直街不宜兴市，只有东西穿衙前而建。其实前几任县令对街市也有建绩，

寿昌戴筠楼（方韦 摄）

但店稀未连接成街。戴筠拓东西二门为街市，从东门至西门连接成一条街，时称一里长街。根据山区特点，实行以山货土特产栈坊为龙头，带动市井诸商户，活跃寿昌县城商贸，带动全县的经济发展。戴筠之前，府县志中对寿昌县城的市容没有记载，唯戴筠仕寿昌县令，志书中才有寿昌县城市容的描述。故戴筠应该是寿昌县城建设的开拓者，是他使寿昌县的经济逐趋繁荣。

三是兴修水利。戴筠上任的第一件事便是兴修水利。寿昌县城东西两端为平川大畈，源于横山山脉西侧的水流，无阻挡地直奔新亭坂(即新亭坊，今寿昌镇毛家一带)，天长日久，积沙成丘，坑沟交错。戴筠体察实情，布告民众开渠排水，从新亭坂北端至彭头山西麓开一水渠，然后在彭头山西麓水泽地挖一椭圆形大水塘，将新亭坂的水引入塘中，此水塘在县西而被称为西湖。戴筠将挖湖的泥沙堆于新亭坂南端，人工营造起一座小山，因官府所为，后人称它为官山，今仍立于寿昌镇西。与西湖交接的水渠末端，新亭坂百姓建起水碓，利用水渠所引的水流舂米磨粉，从此有了后水碓之名。

引新亭坂水入西湖是戴筠水利工程的第一步，常言道"流水不腐"，西湖之水只进不出岂不成了死水？戴筠自有计划，一个穿街开渠、引西湖水入东郭的大胆设想已经确立。《寿昌县志》载："戴筠，景福二年为寿昌令，开西湖蓄新亭坂之余水，作暗沟五百余丈，引湖水从市中出东门，以溉东郭之田，复作桥湖上，以便行者，至今赖之。"据代代言传，穿街水渠初为开放式，即明渠。隔十余丈建青石小桥一座（实为横架于水渠上的青石板），明渠流水可清新街市空气，美化市井风貌，遇火又可以取渠中之水以救。是较为科学的城池水利消防布局，亦是当年寿昌县城的一大景观，曾被世人誉为"街桥"。随着市井经济的繁荣，人流如潮，本不宽敞的街市，遇集市人流涌动则易使人失足落水，故改成暗渠。这条穿街水渠将西湖中的蓄水引向东郭（今寿昌镇东门村一带），灌溉城东郊的那畈良田，并在东部挖掘二级蓄水池塘，世人称它为东湖，俗称湖梯塘。东湖于 20 世纪 70 年代已被填没，今已无痕迹，东湖之上已建起民居楼房。

寿昌西湖会通桥（戴荣芳 摄）

为蓄新亭坂之水，戴筹筑起西湖，却有碍县西百姓进城。于是又在西湖上建起跨街拱桥——会通桥，又将街市向西延伸五十余丈。

四是扶持农桑。城东门至青龙山一线，原为乱石沙滩，戴筹召集民众垦以种植。时新垦田约二百亩，除近城种以五谷，沿艾溪处多以种桑。新亭坂经开渠引水，农田得以复耕约有三百亩，是当时寿昌县的产粮区。为扶持新拓起的寿昌县，戴筹率民众兴修水利、开荒种谷，并减轻赋税以促进农桑发展。

戴筹的施政方针，使万松山南麓的寿昌县城初露生机。戴筹一心忙于民计民生，对县衙公署事宜却没花费心神。寿昌本为山区小县，每年农桑渔牧赋税甚微，衙署简易没有过大排场，故历代志书对唐及唐以前的县署概况记述极微。

（撰文：戴荣芳）

为睦州茶产业尽职倾力的胡则

　　1959年8月，毛泽东主席在开完庐山会议返京途中路过金华，召集县委书记座谈时，对永康县委书记说："你们那里不是有块方岩山吗？方岩山上有个胡公大帝，香火长盛不衰，最是出名的了。其实胡公大帝不是佛，也不是神，而是人，是北宋的一名清官。为人民办了很多好事，人民纪念他，所以香火长盛不衰。为官一任，造福一方，很重要啊！"

　　这位被毛主席称赞"为官一任，造福一方"的北宋官员，就是胡则。胡则（963—1039），字子正，婺州永康人。胡则原名胡厕，相传，因其母不受夫家待见，被迫在厕所待产。因此，胡则出生后以"厕"取名。宋太宗端拱二年（989），二十七岁的胡则考中进士，宋太宗在审阅进士名

胡则像

单时，看到胡厕这个名字，认为不雅，御笔把"厕"字的"厂"去掉，赐名为则。

胡则非常有才气，《宋史·胡则传》载："婺州永康人。果敢有才气。以进士起家。"他是北宋收复吴越后第一位中进士的婺籍人士，历仕太宗、真宗、仁宗三朝四十七年，先后出任浔、睦、温、福、杭、陈等十个州府的知州（府），还在朝担任过尚书户部员外郎、礼部郎中、工部侍郎、兵部侍郎、权三司使等职务，有"十握州符，六持使节，选曹计省，历践要途"之称。胡则任职睦州知州在景德四年（1007），为提举两浙榷茶事兼知睦州军。

历史上的胡则"力仁政，宽刑狱，减赋税，除弊端"，以清正廉洁、勤政为民而著称。

宋真宗大中祥符四年（1011），胡则升任屯田员外郎提举江南银铜场铸钱监，这是个非常重要的职位，主管江南各路开矿、铸钱，算是"肥差"。在视察全国四大铸钱基地之一的池州永丰监时，通过调查，胡则发现，铜矿管理混乱，管理永丰监的官员对矿工极其苛刻，导致经常发生矿难，而且有大量贪污藏匿铜的行为。为此，胡则采取措施进行整顿。

根据朝廷规定，每年五月至七月，铸钱工区每天开工半天，以避酷暑。而永丰监的铸钱炉工仍然全天开炉铸钱，这是典型的要政绩不要人命的做法。胡则下令监当官立刻执行朝廷诏令，减半开工。监当官私下送了一份大礼给胡则，不料胡则对此十分忿怒，予以严词拒绝并把礼品拂落在地。

封建时代，铜矿的开采由国家专营，除了用于铸造铜钱外，由于铜金属具有良好的延展性和导热性，也往往用于制作铜壶等炊具或容器，但民间极少有铜金属材料的来源，因而铸钱监的监当官通过减少钱币铜成分的配比而盗卖至私人作坊制作铜器以牟取暴利，这种情况屡有发生。根据朝廷规定，用铜三斤十两、铅一斤八两、锡八两，铸钱千文，重五斤。永丰监在铜的配比上做了手脚，减少铜的比例，贪污盗卖了数万斤铜。事实被查明后，监当官自知罪重，立即向胡则投案自首，并全数退赃。而胡则反复思考如何处理知罪悔改的办法。最后，胡则把监当官所退的赃款，作为"羡余"充公国库，也给了监当官戴罪立功的机会。经过胡则的严肃整顿，永丰钱监维持了正常的生产秩序，对缓解当时全国性"钱荒"的问题，具有稳定作用。

宋仁宗明道元年（1032）八月，胡则任工部侍郎、集贤院学士。时值长江、淮河流域大旱已数月，赤地千里，农业歉收，民不聊生，饿殍遍野。胡则上奏，历陈江南人民尤其是其家乡衢州、婺州人民所遭受的天灾惨状，请求朝廷永远免除江南各地百姓的身丁钱。所谓"身丁钱"，俗称"人口税"，是封建时代朝廷向成年男子征收的一种赋税。此制自汉代开始，历代相沿，称名各异，赋额不一。宋沿之为赋税名，称身丁钱或丁钱。朝廷规定男子年二十或二十一成丁，六十为老。人户每岁按丁输纳钱米或绢，总称身丁钱。在四川以外的南方各路征收，不分主户、客户，均须负担。此建议获得宋仁宗采纳。那些因天灾而交纳不出身丁钱而流落异乡的逃荒者，闻讯纷纷回归故里。衢、婺二州百姓怀念胡则的恩德，家家户户都将他的画像如同灶神一样供奉祝祷，在他去世后，更是在永康方岩建庙塑像，尊其为"胡公大帝"，配享两地民众世世代代供奉的香火。

宋真宗景德四年（1007），胡则出任提举两浙榷茶事（其办事处设在杭州）兼知睦州军。在该任上，胡则为睦州茶叶产业的发展和农民经济收入渠道的拓展，做出了巨大贡献。

睦州地域，向来为全国产茶区。唐代陆羽《茶经》将全国产茶区分为八大茶区，其中浙西茶区包括睦州所辖的建德、淳安、遂安等地。北宋时期，两浙十二个州均出产茶叶，其中部分名茶作为皇宫贡品。睦州名茶主要有：淳安县鸠坑细茶（毛尖类）、建德县罗村天井源雀舌茶（形同麻雀舌头，为芽茶类）、分水县歌舞天尊岩芽茶、淳安县严家大方茶。上述四种名茶均为皇宫贡茶，以睦州鸠坑茶最早闻名，在唐代即有记载，《茶经》称"睦州贡鸠坑茶"。《新唐书·地理志》记载：睦州"土贡"有"细茶"等五种，"细茶"是指以细嫩芽茶叶经过烘焙制成的散茶，形制类似今针式茶千岛银珍茶。而睦州首县建德，全境地理分布为八山一水一分田，具有四季分明、温润多雨、光照充足的气候特点，非常适合茶树的生长，更使得建德成为唐代浙西茶区的核心区域之一。茶农生产茶叶，自制粗茶、茶末、茶饼，作为主要的农业商品销售，使其成为粮食生产之外的重要经济产业。从宋代建国五六十年后，睦州一直是两浙路产茶最多的州（府），"产茶浩大，居民例以采摘为衣食"（叶梦得《奏乞免严州遂安等三县二税和买状》）。范仲淹知睦州时曾作《萧洒桐庐郡》十咏，其中有："萧洒桐庐郡，春山半是茶。新雷还好事，惊起雨前芽。"睦州地域半数山有茶种植，可见睦州茶园面积之大，春茶产业之兴盛。

之前，宋太祖乾德二年（964），朝廷开始实行茶叶专卖和课税。朝廷对各州地产茶每年产量予以定额并先期支付一定的订金（类似今天的订单生产），多出的叫"余茶"。榷茶法禁止各产茶区茶叶进行任何贸易，茶农生产的茶叶除自用外，必须全部按照官价卖给官府。宋仁宗嘉祐年间（1056—1063），改为向茶园经营户收租，商人可以经营茶叶生意，朝廷向茶农征税。徽宗崇宁元年（1102）实行《茶引法》，商人经营茶叶生意要先缴纳茶价和税款，领取"国家茶叶专卖许可证"——茶引，凭"引"运销，数量、地点都有限制。产茶区及其周边地区的居民如果想购买食茶，也必须要到官府设立的"食茶务"缴纳"引钱"后方可购买。发展茶叶经济，增加作为国家对茶叶经营课利的"引钱"收入，对保证朝廷财政开支、军需，特别是用于西北边境向少数民族购买军马，确保国家军事力量稳定，发挥了重要的作用。南宋严州城里设有"都税务"，管理全州税务征缴事宜，设"东税务"机构并在"东津渡"（今梅城东馆一带）设关卡，征收经建德县进出的茶叶交易税。但在较长的一段时期内，由于各种原因，茶农和茶商做到了依法经营、守法经营，而朝廷应及时兑现的相关政策，却往往不能及时落实和到位。

为官清明、对百姓极为体恤的胡则到任后，奏明朝廷，依照之前朝廷制定但未在睦州落实的政策，拨库帑给睦州六县茶农，广种茶叶，卖茶叶（只能卖给官府）时再予以结算，谓之"茶本钱"。贫苦农民得到茶本钱，扩大茶叶种植面积，绿茶产量得到较大提高。胡则全力组织将杭州、睦州两地茶叶运往京都汴京进贡宫廷，也在中原市场上销售，睦州茶叶的品位和知名度很快得到提高。茶农和茶商在诚实地履行各项税收义务后，也及时收获了应得的利润，进一步推动了其从事茶叶生产和经营的积极性，形成了良性循环，也巩固了睦州茶产业在全国的市场地位。可以说，胡则对发展杭、睦两州的绿茶生产、繁荣城乡经济，起了独特的促进作用。

宋仁宗景祐元年（1034），胡则退休在杭州养老。这一年，他的好友范仲淹因直谏郭皇后不宜废事，触怒仁宗，被贬出知睦州。范仲淹在富春江畔钓台下建造了严子陵祠堂，邀请前任兼好友胡则一同赴严子陵祠凭吊，亲自陪同胡则瞻仰了祠堂。胡则赋《题严子陵祠堂》诗一首："占断烟波七里滩，渔蓑轻拂汉衣冠。高踪磨出云涯碧，清节照开秋水寒。泽国几家供庙食，客星千载落云墩。我来亦有沙洲兴，愿借先生旧钓竿。"表达了自己无愧治下百姓，在功成名就后愿意效仿严子陵在太平盛世之际，做个钓鱼翁的淡泊心态。

范仲淹在睦州前后不满六个月，同年六月由吕蔚接任。四年后的宝元元年（1038），胡则长子胡楷接任睦州知州。父子俩先后任职睦州知州，也属官场佳话。由于胡则年事已高，朝廷为嘉其功绩和声誉，将胡楷调任杭州通判，以便侍奉老父。次年六月，胡则在杭州私第去世，年七十七。据范仲淹亲自为其撰写了《胡公墓志铭》："（胡）则性至孝，丁母忧，庐于墓侧以终纪，有草木之祥……（胡）则富宇量，笃风义，临时得法外意，轻财尚施，不为私积，士大夫咸称之。" 这是"天地间第一流人物"范仲淹对胡则的如实评价。

（撰文：黄建生）

先忧后乐范仲淹

"先天下之忧而忧，后天下之乐而乐"，是范仲淹《岳阳楼记》中的名句，广为天下人传颂。"先忧后乐"是范仲淹从天下为公的传统理想中提炼出来的思想成果，是对中华道德思想宝库的重要贡献，也是对以天下为己任的读书人的要求。早在上学读书之时，年轻的范仲淹就有志于天下，"常自诵曰'士当先天下之忧而忧，后天下之乐而乐也'"（欧阳修《范文正公神道碑铭》）。先忧后乐是他为人处世的准则，无论走到哪里，也无论职务高低、处境好坏，他都以此标准要求自己、勉励自己，他在睦州留下的诗文和足迹无不闪耀着先忧后乐的仁者的光辉，成为留给严州人民的一笔珍贵的文化遗产。

范仲淹（989—1052），字希文，

范仲淹像

苏州吴县人。北宋时期著名的政治家、文学家，宋真宗大中祥符八年（1015）进士。

范仲淹的父亲去世得早，母亲带着他改嫁朱姓人家，取名朱说。读书十分刻苦，为了节约时间，每天只煮一次粥，一钵粥划成两半吃一天，后人传为"划粥断齑"的故事，流传至今。

仁宗天圣元年（1023），三十五岁的范仲淹出任泰州兴化知县，主持修筑捍海堰，防止了水灾，百姓称颂，称为范公堤。天圣六年（1028），任秘阁校理，上疏请刘太后还政，得罪了最高领导，被外放到河中府当通判。仁宗亲政后，擢为右司谏。

宋仁宗景祐元年（1034），因为反对仁宗废黜郭皇后，范仲淹又一次被贬外放，出任睦州知州，这一年他已经四十六岁了。春初从京城汴梁（今河南开封）出发，由汴水经颍水、淮河入运河南下，路上走了整整三个多月，直到四月十六方才抵达睦州城（今梅城古镇）下。

纵使遭受到如此严厉的打击，范仲淹并没有屈服，"理或当言，死无所避"（《睦州谢上表》），在到任的谢表中仍然坚持己见，列举前朝因废后导致的宫廷之祸，告诫仁宗不要重蹈覆辙。

在给恩师晏殊的信中，他这样写道："伏自春初至项城，因使人回，曾草草上谢。由颍、淮而下，越兹重江，四月既望，至于桐庐。回首大亳，忽数千里。"（范仲淹《与晏尚书书》）一路上历尽风波险阻，他深切地体会到百姓生活的艰难。有感于此，

位于梅城镇正大街的思范坊

写下了《谪守睦州作》《赴桐庐郡淮上遇风三首》《出守桐庐郡道中十绝》等诗作，其《赴桐庐郡淮上遇风三首》诗云：

一

圣宋非强楚，清淮异汨罗。

平生仗忠信，尽室任风波。

舟楫颠危甚，蛟鼋出没多。

斜阳幸无事，沽酒听渔歌。

二

妻子休相咎，劳生险自多。

商人岂有罪，同我在风波。

三

一棹危于叶，旁观亦损神。

他时在平地，无忽险中人。

他庆幸自己生活在一个好时代（"圣宋"），因而不会成为第二个屈原，表达了愧对家人、愧对他人的歉疚之情：自己得罪了皇帝，却连累妻子儿女历尽风波险阻；同船的商人也和我一起受罪，他们可是无辜的呀！第三首从旁观者的角度写处于风波之中的遭遇，平安之后可不能忘记险中之人呀！

范仲淹从切身体会中深知教育的重要性，抵达睦州后，做的第一件事情就是修学校、抓教育。

睦州办学的最早记录为宋初太宗雍熙二年（985）。据《（淳熙）严州图经》一书记载，这一年，睦州知州田锡将孔庙从"城东南隅"迁到"城西北隅"，在庙中建学，"以教诸生"。

范仲淹上任后，新建了州学的堂、宇、斋、庑，扩大了学校的规模，"景祐中，知州范仲淹始建堂宇斋庑"，为后来睦州州学的发展奠定了基础。

扩建了校舍之后，范仲淹又"延见诸生，以博以约"（范仲淹《与晏尚书书》），召集青年学子讲话，授之以学习方法：既要博览群书，又要学有专精，这样才能成为有用之才。

据两部宋代严州方志记载，有宋一代曾经九次开展过州学的建设，"栋宇之制、教养之具悉备"，加上书院的设立，使得严州的文化教育设施日趋完善，范仲淹在其中发挥了转折性的作用。

接着，范仲淹又做了一件在严州历史上影响十分深远的事：兴建严先生祠堂。

严先生即严子陵，东汉初年人，年轻时与汉光武帝刘秀同游学，才高名重，曾拒绝新朝王莽的聘召，坚守岩穴，隐居不出，具有高风亮节。刘秀登基后，需要一批抗节之士为他的新政权捧场，下诏征聘名高德重的岩穴之士。严子陵是必聘之人，经过三次往返，才被宝马安车请到京城，请他担任谏议大夫，但是严子陵坚决拒绝，离开京城，来到钱塘江上游山清水秀的七里泷富春山隐居，躬耕垂钓，自食其力。

多年后，刘秀又一次卑辞聘请，但严子陵始终不肯出山，高卧不起，终老山中。为了保持自己独立的人格和自由的思想，严子陵甘守寂寞和清贫，付出了一生的代价；刘秀也没有以皇帝之威相迫，而是尊重一介布衣书生的独立人格，表现出难得的大度！

千百年来，严子陵的独立人格受到了无数人的赞美和仰慕，尤其是知识分子的推崇，将他视作人生的楷模。

大诗人李白一生傲岸，但却十分敬佩严子陵，写诗赞美道：

松柏本孤直，难为桃李颜。

昭昭严子陵，垂钓沧波间。

身将客星隐，心与浮云闲。

长揖万乘君，还归富春山。

清风洒六合，邈然不可攀。

使我长叹息 冥栖岩石间。

——李白《古风》（第十二）

范仲淹忠言贾祸，远贬江南偏郡，无异于流放，对比尊重知识分子的光武帝刘秀，当朝皇帝何其缺乏雅量。范仲淹对此深有感触。他从君臣（或曰"君民"）关系着笔，带着感慨和期盼的复杂感情写下了《严先生祠堂记》一文：

先生，光武之故人也，相尚以道。及帝握赤符，乘六龙，得圣人之时，臣妾亿兆，天下孰加焉？惟先生以节高之；既而动星象，归江湖，得圣人之清，泥涂轩冕，天下孰加焉，惟光武以礼下之。

在《蛊》之上九，众方有为，而独不事王侯，高尚其事，先生以之；在《屯》之初九，阳德方亨，而能以贵下贱，大得民也，光武以之。盖先生之心，出乎日月之上；光武之量，包乎天地之外。微先生不能成光武之大，微光武岂能遂先生之高哉！而使贪夫廉，懦夫立，是大有功于名教也。

仲淹来守是邦，始构堂而奠焉，乃复为其后者四家，以奉祠事。又从而歌曰：云山苍苍，江水泱泱。先生之风，山高水长！

全文不过二百一十八个字，却包含了丰富的层次和深厚的内容，有抑有扬。

文章先说皇帝之尊："臣妾亿兆，天下孰加"，有至高无上的威权，而先生以节高之；又说先生之节："得圣人之清，天下孰加"，而光武以礼下之。两两对比，先抑后扬，层层递进。再以先生之心与光武之量进行对比，一出乎日月之上，一包乎天地之外；最后以"微先生不能成光武之大，微光武岂能遂先生之高哉"点出主题，虽然不乏舒愤懑之意，最后归结到"使贪夫廉，懦夫立"，风清气正这一儒家的社会理想上来。

对于严子陵的评价争论了一千多年，可以说从他归隐富春山起，对他的争论就开始了，或褒或贬，见仁见智，但大都未搔到痒处。范仲淹说，他写此文是为了"辨严子之心，决千古之疑"（《与邵餗先生书》），说说他自己的观点，实际上是借此表露自己的政治理想，对理想化的君臣关系的仰慕和向往：为臣者"高尚其事"，为君者"以贵下贱"，方始能够"大有功与名教"，建立起理想的社会。

文章写好，范仲淹拟刻石建碑，立于祠堂之中，他写信给著名书法家邵餗，请其书写碑文。又派州郡从事章岷前往七里泷严子陵钓台择地建构祠堂；聘请会稽（今浙江绍兴）画僧悦躬前来描画严子陵先生肖像。建祠之事从策划到落成，从硬件到软件，范仲淹严密谋划，一一落实，从中可以看出范仲淹行事之周到、干练。

在睦州（包括赴睦途中），范公写下的诗歌作品达四十六首之多。他以戴罪之身赴睦，但诗作中却少有怨望之情，反而屡见其仁爱之心。

写于睦州的《与晏尚书书》是范公文集中的名篇，也是历代尺牍文中的佳作。晏殊是范仲淹的座师，十分赞赏范仲淹的品行和才干，范仲淹抵睦后，马上给他写信，书中有云：

郡之山川，接于新定，谁谓幽遐，满目奇胜：衢歙二水，合于城隅，一浊一清，如济如河，百里而东，遂为浙江。渔钓相望，兔鹜交下，有严子陵之钓台，方干之隐茅。又群峰四来，翠盈轩窗，东北曰乌龙，崔嵬如岱；西南曰马目，秀状如嵩。白云徘徊，终日不去。岩泉一支，潺湲斋中，春之昼，秋之夕，既清且幽，大得隐者之乐。惟恐逢恩，一日移去。

如此文字，直可与六朝山水小品媲美，与吴均《与朱元思书》相颉颃矣。

正当范仲淹安下心来，准备以此为"人生安乐处"的时候，同年六月，朝廷又有命下，调任他为苏州知府，他不得不告别他十分喜爱的萧洒溪山。离任途中，船过七里泷，顺道寻访了严子陵钓台南岸唐代诗人方干的故居，留下了三首诗，命人在严先生祠中画方干之像，其《留题方干处士旧居》诗（附小序）云：

某景祐初典桐庐郡，有七里濑子陵之钓台在，而乃以从事章岷往构堂而祠之，召会稽僧悦躬图其像于堂。洎移守姑苏，道出其下，登临徘徊，见东岩绝壁，白云徐生，云方干处士之旧隐，遂访焉。其家子孙尚多儒服，有楷者新策名而归。因留二十八言，又图处士像于严堂之东壁，楷请刊诗于其左："风雅先生旧隐存，子陵台下白云村。唐朝三百年冠盖，谁聚诗书到远孙。"

据《赠方秀才楷》诗前小序云，此诗作于景祐元年（1034）

十月七日，与另一首《留题方干处士旧居》为姊妹篇，作于同时，据其诗前小序"移守姑苏，道出其下"之语，可知这两首诗均作于离睦赴苏前夕。从"四月既望（'既望'为望月后一日，即农历十六），至于桐庐"，到十月初七离开州城，范仲淹在睦州满打满算六个月都不到，但是他却为睦州人民做了这么多事情，而且都是影响深远的大事。

命运只安排范仲淹给了睦州六个月的时间，但是，睦州人民却思念了他一千年！"唐宋以来名宦多，杜刘陆范踪相接。"（清·计楠《严州行》）比起杜牧、刘幽求、陆游诸人，范仲淹宦睦的时间最短，但影响却最为深远，个中缘由，值得深思。

人民思念范仲淹，是因为他高尚的人格和博大的胸怀。观其毕生所思、所行，皆以天下苍生百姓为念，亦即"天下为公"，此即其"先忧后乐"思想之渊源。"先忧后乐"的提出，是他以天下为公思想的自然流露和精确表述。

在睦州诗文中，处处体现着范仲淹先忧后乐的家国情怀，"万钟谁不慕，意气满堂金。必若枉此道，伤哉非素心"（《出守桐庐道中十绝》之七），"风物皆堪喜，民灵独可哀。稀逢贤太守，多是谪官来"（《新定感兴五首》之三），"江上往来人，但爱鲈鱼美。君看一叶舟，出没风波里"（《江上渔者》），"事君无远，为郡甚荣。理或当言，死无所避。有犯无隐，人臣之常；面折庭争，国朝之盛"（《睦州谢上表》），"仲淹罪有余责，尚叨一麾，敢不尽心，以求疾苦"（《与晏尚书书》）。

范仲淹是以戴罪之身贬职到睦州来的，但是他却没有丝毫怨言，而是全身心地投入到地方建设的事业当中去，这是他先忧后乐思想最好的体现。睦州的山水和文化为范仲淹思想的成熟、为十二年后"先忧后乐"一语的最终提出，做了很好的铺垫。范仲淹的思想和言行，给睦州人民留下了永久的记忆，成为一代风范典型。近千年来，睦（严）州人民一直怀念他，建造了思范亭、思范坊、范公祠、萧洒楼、萧洒亭、后乐堂等许多建筑以志纪念，范仲淹先忧后乐的思想一直激励和鼓舞着严州人民，奋发向前。

（撰文：朱睦卿）

"一琴一鹤"说赵抃

　　他是浙江衢州人，生于宋真宗大中祥符元年（1008）。年少时，双亲过世，由长兄赵振抚养长大。由于生活贫苦，他锐意进取，潜心向学，用知识改变了自己的命运。景祐元年（1034），他金榜题名，高中进士，从此开始了宦海生涯。他就是北宋名臣赵抃。

　　由于在地方上工作出色，北宋至和元年（1054），赵抃被调入京就任殿中侍御史，专门负责弹劾不法官员。在这个工作岗位上，赵抃"弹劾不避权幸，声称凛然"，名震京城，成为那些为非作歹的权贵们的政治克星。

　　宰相陈执中是宋仁宗面前的红人，深得皇帝宠信。当京城大街小巷传遍了陈执中家的侍女被杖杀的消息时，作为殿中侍御史的赵抃认为身为

赵抃像

宰相的陈执中难辞其咎，明知侍女被杀，还掩盖事实，更是知法犯法。于是给宋仁宗上了一道奏折，指责陈执中"失大臣之体，违朝廷之法，立私门之威"，要求宋仁宗将陈执中严办，以正朝廷法度。

宋仁宗有意偏袒陈执中，对赵抃的奏折置若罔闻。朝中好友及同僚也极力劝阻赵抃不要鸡蛋碰石头，但赵抃敢做敢言，冒着触犯龙颜的风险继续上奏，恳求皇帝认真调查陈执中的问题，依法问罪。连续上了十二本奏章后，宋仁宗终于采纳了赵抃的意见，立案调查，从而牵扯出陈执中更多违法乱纪之事，最终罢免了他的宰相职务。

当时，赵抃与包拯同在御史台任职，赵抃为殿中侍御史，职司宫禁之狱；包拯任御史丞，职司分巡朝外四方之狱。按今天的工作范围区分，赵抃负责首都各部委机关干部违法乱纪的案件，包拯负责地方官员违法乱纪的案件。赵抃与包拯一内一外配合相得益彰，由于两人工作中都不避权贵，因此赵抃被称为"赵铁面"，包拯被称为"包青天"。戏曲中"包青天"的形象原型，一半是"黑脸"包拯，另一半是"铁面"赵抃，可见赵抃正直的名声可以与包拯并列了。

赵抃为官最为突出的政绩在四川。他去四川成都上任时，随身行李是布袋中的古琴与竹篓里的白鹤，分别驮在一匹马的左右，除此就是两袖清风。宋神宗听说赵抃的行李就是"一琴一鹤"时，极为惊叹，并广为赞颂。后来，"一琴一鹤"就成为为官清廉的象征，传为千古美谈。赵抃以身作则，率先垂范，精兵简政，整顿风气，也使蜀地的奢靡之风为之而变。

赵抃是在什么情况下到睦州任职呢？其实在与陈执中斗争过程中，并不是所有的御史都站在赵抃一边。朝中范镇就曾向仁宗皇帝建议保留陈执中的宰相职务，认为堂堂大宋，不能因为几个奴仆非正常死亡而罢免自己的宰相。至和三年，仁宗皇帝任命范镇当知杂御史，成了殿中侍御史赵抃的副长官。为了避开曾与自己意见不合的范镇，赵抃又一次上书仁宗，要求到两浙路任职。不久，仁宗皇帝采纳宰相刘沆提出的"御史迁次之格"，也算是同意了赵抃的请求，命赵抃到两浙路担任睦州知州。

北宋嘉祐三年（1058），赵抃任睦州知州。到了睦州，赵抃即刻深入基层开展工作。他用了大量的时间在桐庐、分水、淳安、遂安、寿昌五县走村访巷，逐个详细了解每县的农业实情、创收能力。

回到府衙后，赵抃聚集部属讨论分析整个睦州的财政情况，认真地对待大宋朝廷交给的"牧民"任务，从中也了解了睦州每年都要向杭州提供肉羊一事。经过细致考察，赵抃继而上奏朝廷，说明睦州素无牧羊的习俗，却无端受命每年须向邻州杭州输送肉羊，这是不合理的。在赵抃的努力争取下，朝廷下文申明，杭州要吃羊肉，由他们自己去想办法，赵抃一纸公文，改掉了陈年旧例。

赵抃的敢作敢为为睦州百姓减轻了不少负担，得到百姓的赞颂。

赵抃是个极其注重团队建设、善用人才的领导，在睦州的日常工作和走访中，他处处留心观察下属官员的工作能力和民口碑，大力推广分水县知县江震实施的保甲制，他以"监狱空虚，案件少"来考核知县执政能力，倡导百姓自主管理。

"人为闲郡我为荣，僚友多欢事少生"，这是赵抃在睦州期间创作的《和范都官述怀》诗句，意思是，大家都说当睦州知州是个很清闲而不值得一提的官，可我却觉得非常荣幸，我与僚属们一团和气，没有太多违法诉讼之类的事。诗句也充分体现了赵抃治理睦州的能力。

赵抃大力培养选拔官员，在睦州任上，向朝廷推荐了寿昌知县郑谔、分水知县江震、建德知县周演、巡茶盐董诏、清酒务白昭明、兵马都监魏寅、团练推官姚甫、司理参军连希元、司法参军朱伯玉等十一位优秀官员，并向朝廷立下"保举的官员提拔使用后，不如推荐得那样好，敢当同罪"的承诺，白纸黑字，掷地有声。在赵抃看来，所有朝廷官员都该有承担政治责任的魄力，他成为中国倡导建立官员考察失误责任追究制的先行者。

在处理政务之余，赵抃十分重教育才，时时关心睦州的学校。他在写给州学诸生的诗中，劝勉大家："济时事业期深得，落笔词章贵不空。道有未充须自立，莫将荣悴汨于中。"表明只有好好读书，将来才能事业有成，造福于民。

在睦州，据说梅城的青柯亭最早并不叫"青柯亭"，而是"赏春亭"，亭旁的金银双桂，是北宋嘉祐四年（1059）赵抃在后衙修建亭子时栽下，之后赏春亭和桂树相依相伴数百年。北宋宣和三年（1121），方腊率义军攻入睦州，烧毁了睦州衙署，"赏春亭"也毁于大火。后人在原址上复建了石亭，一直未曾赋予亭子名字，直到清乾隆三十一年（1766），《聊斋志异》十二卷本在严州青柯亭内刊刻问世，这个石亭才开始改名为"青柯亭"。

千年的风雨沧桑，无论是赏春亭，还是青柯亭，都几度倾塌，又几经修葺，亭边的金银桂也于前些年相继走到了生命的终点。历史上，不知有多少人曾在亭中品茗、树下闻香，年复一年地讲述青柯亭和金银双桂的故事，讲述知州赵抃的故事……

（撰文：王娟）

毕生致力于教化育人的郑彦

北宋元祐七年（1092）春，湖北路崇阳县（今湖北省咸宁市崇阳县）县衙来了一位年轻人。他就是新任的县尉郑彦。

郑彦，浙江严州寿昌龙溪（今更楼街道甘溪村）人。

龙溪是寿昌东乡的一座古村，村里以郑姓人为主。郑家是个

岑山书院遗址（沈伟富 摄）

读书世家。早在北宋真宗天禧三年（1019），就有郑荣（一作郑大荣）中了进士，后成为出使契丹的外交家。郑彦的父亲郑通，景祐元年（1034）进士，官至国子监丞。

郑彦是郑通的第三个儿子。他自幼聪颖，喜读《春秋》，熟悉古代典章制度，深谙儒家"五常"。宋元祐六年（1091），郑彦高中进士。第二年春，被授予湖北路崇阳县县尉。

县尉，是个连从七品都不是的官职，但郑彦没有怨言，他打起行装，一路舟车劳顿，赶赴湖北。

崇阳位于湖北省东南，西临湖南，东接江西，是个山区小县，信息闭塞，经济落后。郑彦初到崇阳，就听当地人说，崇阳这个地方，民风彪悍，自古习武之风盛行。郑彦的主要工作是维护地方治安，这样的风气于他的工作是好事还是坏事，不得而知。

一天，郑彦领着一班巡捕，在县里执行公务，正遇一位大汉带着一帮小喽啰欺负一位老人。

郑彦上前制止，并令手下人把他绑回县衙受审，手下人却没一个动手的。

回到县衙，郑彦质问缘由，手下人说：要是见一个绑一个，监狱岂能容纳？郑彦听后，无奈地感叹道：教化不敷啊！

他把在崇阳的见闻，写信告诉在京城当国子监丞的父亲郑通。父亲回信说，你自幼读《春秋》，应该懂得这么一个理：礼崩乐坏。

郑彦忽然明白了父亲的话。从此，郑彦除了做好县尉的工作外，还经常到县学去讲学。郑彦的满腹经纶，让生员们为之倾倒，听者如坐春风。从此，习礼仪、读诗书之风在崇阳县开始兴盛起来，社会风气也渐渐好转。

三年后，郑彦升任青田县县丞。

青田是浙江南部的一个小县，境内多山，与崇阳县极为相似。因为与外界交流少，县民们除了种好自家的"一亩三分田"，就很少有别的事可做。男人们大多一壶茶在手从早耗到晚。

经过走访，郑彦了解到，这里的农民喜欢种青芝，这是一种提炼染料的植物。据说，青田这个县名就是因之而来。种青芝省事又省力，但经济效益不高。郑彦劝导农民，缺水的田种青芝，不缺水的田要种水稻。稻田里还可养稻花鱼，一举两得。农民们试着做了，效益果然好。从此，整天喝茶闲逛耗日子的人少了，下田种粮的人多了，社会经济得到了发展。

青田的县学已多年不修，窗破门朽，生员也不多。北宋元祐年之前，青田仅出过两个进士。有鉴于此，郑彦问计于民，筹资于民，把县学彻底翻修了一遍，还拨公款补贴生员。郑彦自己也经常到县学去讲学。后来，家住县城的陈汝锡中了绍圣四年（1097）丁丑科进士，后官至两浙转运副使、浙东安抚使。青田的学风为之大盛，特别是到了南宋，青田就出了八十八位进士；元朝末年，还出了刘基这样的奇才。这些，都与北宋时郑彦所倡有关。

又过了几年，郑彦被派往真州（今江苏省仪征市）任职。相对于崇阳和青田，真州算是一个比较富裕的地区。郑彦来这里所任的官职是司户，这是一个管理户籍、税收和财务等事务的官职。但郑彦除了做好这些工作外，对农业生产和官学照样都很关心。他经常利用空余时间，到官学去讲学。有了崇阳、青田两地的讲学经验，郑彦在学问和讲学方面，都有长足的进步，他也因之名声远播，只要他到官学来讲学，门口的泮桥上都站满了听者。渐渐地，郑彦的名声传到了朝廷，很快，朝廷就免去了郑彦真州司户一职，授予他宣义郎的官衔。这是一个文散官名，也就是不需要做什么具体的事务，只须做他个人喜欢的事即可。郑彦所乐者，当然是教学。他把主要精力全部集中到教书育人、为国培养人才上。这样的散官做了没几年，他的父亲郑通因年老退休，郑彦接替他父亲，被任命为国子监丞。

国子监是国家最高的教育机构。其职能有两重，一是作为官学最高管理机构，二是生员就学的最高学府。所招收的生员，大多是七品以上官员的子弟。

国子监设判监一人，总管所有事务，监丞一到两名，协助判监，同时教授经业和训导德行。北宋庆历三年（1043），范仲淹就曾在国子监讲授过关于实行新政（即"庆历新政"）的重要性和必要性。范仲淹提出"精贡举、择官长"等十项改革主张，其目的就是想改革当时的教育体系，以改变当时崇尚辞赋的浮浅学风，提倡教育要重经义、重时务、重实际。

郑彦的父亲郑通在国子监丞这个岗位上干了很多年，成绩斐然。郑彦接过父亲的接力棒，深感责任重大。但他以前辈为榜样，一直十分努力。与父亲一样，他把毕生的精力花在了为国育才这个重大使命上。

晚年的郑彦回到故乡寿昌龙溪（今称甘溪）。但他没有闲着。他在村旁的岑山下筑室一间，名之曰"岑山书院"，本族子弟及附近的学生后辈云集其中，听他讲授经世致用之学问。岑山书院遂成为寿东地区最有影响力的一家书院。明朝的镇江知府、吉安知府、寿昌人徐谊，在游龙溪时曾写下过这样一首诗：

九曲岑山九曲奇，万年高树万年枝。
水盘幽涧通池远，花碍深云落地迟。
种竹生孙添旧谱，唤茶留客了残棋。
监丞去后留遗迹，依旧烟霞似昔时。

如今，书院遗址已难寻觅，甚至连岑山都已在现代化进程中，被一点点地蚕食。但先人留给我们的宝贵遗产是不能丢的。郑氏父子那种孜孜不倦、教化育人的精神，如不辍之弦歌，永远值得后人继承。

（撰文：沈伟富）

江公望铁面谏政

云气纷纷雨脚匀，乱花柔草起精神。

雷车却辗前山过，不洒原头陌上尘。

——江公望《喜雨诗》

北宋熙宁年间，有一年洛阳一带大旱，几个月都没有下过一滴雨，人们都眼巴巴地盼着老天爷能早降甘霖，救民于旱火。有一天，终于下起了潇潇细雨，人们的心头为之一振——丰收有望了！连乱花柔草都打起了精神。这雨也知道人的心思，只落在田野里而不下到贵人们来往的大路上。

这首诗含蓄地表达了作者同情黎民百姓的情感，恰巧被退居洛阳编纂《资治通鉴》的司马光看到了，他反复品味诗意，叹道："此人有爱国忧民之心！"从此，江公望受知于司马光，公望前往拜谒，被司马光推荐到京城任职。

江公望（1039—？），字民表，睦州建德人。熙宁六年（1073）

进士。建中靖国元年（1101），宋徽宗赵佶即位后，江公望由太常博士拜左司谏。

赵佶由一个亲王登上皇帝宝座，宫廷内部尚有不同的政治势力，统治基础并不稳固，因此还能勤政纳谏，公望所奏，多有采纳。

地方志上记有这样一个故事，说是徽宗有一次做梦，看到亭树壁间有一处题词，但不知其意，后来读到江公望的奏章，正有梦中之语，徽宗大悦，认为得一贤臣，称公望为"应梦贤臣"。虽然这只是一个传说，但却说明此时君臣心意契合，方有梦中之晤。江公望留存至今的作品多为这一时期的谏章，正是江公望之为徽宗的"应梦贤臣"最好的证明。

赵佶本为纨绔子弟，只知吃喝玩乐，初登大宝时尚不敢肆意张扬，故而表面上对江公望的批评也不得不表示接受。

皇宫内苑豢养着许多珍禽异兽，供皇帝消遣玩乐，被江公望指为"禽荒"，针对此事，他写了《论玩物害治奏》，指出"蓄能鸣善斗之禽，笼奇羽佳喙之鸟，以资赏玩之习""非初政所宜"，批评了这种现象。过了几天，公望入朝，徽宗对他说，你批评得对，现在内苑

江公望雕像

中所有珍禽异兽都已经纵遣放跑，只有一只白鹇，因为已经养熟了，赶也赶不走。他还把赶鸟的手杖拿来给江公望看，那杖头上刻着江公望的名字，以志不忘其谏。

皇宫内苑的珍禽异兽是否都如徽宗所说的全都放归大自然了，谁也不知道，江公望无权也不敢去查；但宋徽宗刻江公望之名以识其谏这件事，被写入了《宋史·江公望传》，不大会是假的，哪怕是作秀，也表明徽宗其时尚有所顾忌，不敢太造次妄为。

保留至今的江公望奏章共二十篇（《心说》一文纯为理论，但亦是专门上奏给徽宗看的），其中标明建中靖国元年（1101）亦即徽宗正式即位之年的奏章就占了九篇，其中注明月份的有四篇。奏章大多从君王立德的角度着眼，落实于兴国安邦的大政方针，如《论玩物害治奏》《谏猎奏》《论蔡王府狱奏》等，提醒徽宗要以历代王朝兴衰为诫，"驱骛于仁义之场，游观于六经之囿，网多士，弋群凶"，以达"天宇扫清，王道砥平"（《谏猎奏》）的昌盛局面。江公望在这里巧妙地套用了围猎的词汇，表达了"天下之望"，期望皇帝能将围猎的兴趣运用到治国安邦上来。

新皇登基，按惯例大赦天下、蠲免百姓欠负的钱粮，以示皇恩浩荡，户部按例执行。但御史赵挺之却上疏弹劾户部尚书王古，称其"倾天下之财以为私惠"，是拿公家的财富为自己捞名声、得好处，是伤了国本，要求处置王古。赵挺之素来与王古不和，"论事每不合，屡见于辞气，怀不平之心，有待而发"（《宋史·江

梅城镇里仁坊（方韦 摄）

公望传》）。江公望认为，赦免欠负乃国之仁政，是"缓民之苦，息州县之扰"的大事，是朝廷定下来的大政方针，王古是执行公务，根本扯不上什么"倾天下之财以为私惠"，赵挺之因为与王古不和，有意找茬，乃是"私事官仇"，绝非君子所为，这样的御史"岂忠臣乎"！这件事终于大白于天下。

徽宗渐渐坐稳了位置，就对言官下手了，不到一年的时间里，就"易三言官，逐七谏臣"。在放逐右司谏陈祐时，江公望终于忍不住了，上疏极谏。江公望认为，谏臣的地位虽然不高，但是职位很重要，影响也很重大。他以汉武帝时的直臣汲黯为例，来说明直臣在朝的重要作用。"黯在朝，淮南之谋为寝"，直臣在朝，乱谋不敢作，"一憨直之臣为微，而朝廷轻重系焉"（江公望《乞养直臣以素奏》）。汉武帝雄才大略，"杀人如薙草"，不知诛杀了多少王公大臣，甚至连太子都不能幸免，但他却能容忍数次触犯他的汲黯。正因为朝中有敢于直言的汲黯，一直心怀异志的淮南王才不敢轻举妄动，一个谏官虽然微不足道，但是却关系到朝廷的安危，因此，对于谏官"养之不可不隆，听之不可不察，去之不可不慎"，必须尊重谏官，认真听取他们的意见，撤换谏官，必须慎之又慎。江公望关于对待谏官的"三不"，在朝中一时传为美谈。

哲宗无子嗣，他死时可以当皇帝的人选有很多，知枢密院事曾布曾对徽宗说："陛下践祚，内外皆有异意之人。"同为哲宗弟弟的蔡王赵似就是一个。赵似只比徽宗小一岁，又有生母朱太妃作后台，其竞争实力不可小觑，大臣章惇就力主蔡王即位，因此，蔡王成为徽宗潜在的威胁。后来，因为蔡王府中的一件小事，牵出了一个争夺王位的大案。对于徽宗来说，这是一个除掉对手的好机会。可是，江公望却认为徽宗初登大位，稳定是压倒一切的，此事只能大事化小、小事化了，他提醒徽宗要提防小人"谋离间陛下骨肉之亲"，要念兄弟手足之情，"亲隙不可开，隙开则言可离贰；疑迹不可显，迹显则事难磨灭"，千万不能把事情闹大。只要"略治所告及被告之人，粗见嫌怨情状，并流之岭表"就可以了，宜粗不宜细。

作为政坛中人，江公望不会不知道其中的利害，但事关大局，事关徽宗的声誉，因此他始终以正面的榜样为例，劝徽宗学习古之贤君圣人舜帝，为天下树立一个宽厚仁慈的形象。"疏入，公望罢知淮阳军（今河南淮阳）"（《宋史·神宗子楚荣宪王似传》），果然因为此事得罪了徽宗。江公望被贬后，徽宗回想他的话，觉得还是很有道理的，也就没有将这件事扩大化，"止治其左右"，将当事人邓铎斩首完事。因为江公望的上疏，蔡王之案未形成大狱，也未株连无辜，保证了徽宗新政之初大局的安定，这对于国家来说是有利的。

事实证明，江公望的意见是对的，他的远见卓识最后得到了徽宗的肯定，因此，贬后不久即被召回朝中，任左司员外郎，后以龙图阁直学士的名义出任寿州知州，又以进言落职。蔡京为相，大兴党狱，培植党羽，在全国各地竖立元祐党人碑。江公望一直反对朝中以政见不同结派，曾专门写过《乞为政取人无熙丰元祐之间奏》的奏章，成为蔡京打击的重点对象，被编管南安军（今江西大余县）。

编管是将获罪官员的户籍编入流放之地，由地方官吏加以管束，不得自由活动，形同罪犯，是一种比较严厉的处罚。直到天下大赦，江公望才被放还家中。

江公望晚年笃信佛教，曾经请以严州西湖为放生池，禁止渔钓。并写过多篇佛教寺院记，如《九峰庵记》《兴福院记》《龙泉院记》《惟庵记》等等，成为研究严州佛教史和地方文化史的重要史料。晚年自号"钓台翁"，编其生平所作曰《江司谏文集》，南宋名儒真德秀为之作序；又有《江司谏奏稿》，理学大师张栻作序。大诗人陆游知严州，下车伊始，首刻《江司谏奏议》，并为之作跋，其文曰：

某乾道庚寅得此书于临安。后十有七年，蒙恩守桐庐，访其家，复得三表及其赠告墓志，因并刻之，以致平生尊仰之意。

淳熙十三年十一月十有六日，笠泽陆某书

以上三书，今皆不传，但他的奏疏因被收入南宋初年大学者吕祖谦编的《皇朝文鉴》、赵汝愚编的《宋朝诸臣奏议》、黄淮编的《历代名臣奏议》等书；晚年写的一些文章被南宋初年的严州知州董弅编入《严陵集》一书，赖以传世。

建炎四年（1130），朝廷为江公望平反，追赠他为右谏议大夫，官其后。其平反诏书有云："惟世道之多变，致国论之靡常；是非或出于爱憎，夷险独恃于一节。权宠日忌，窜斥莫逭。"对他的一生做出了公正的评价。

江公望的后代世居建德，今州城梅城尚有江家弄、江家塘等地名；三都则有圣江村，皆为江氏遗迹。宋代时，就已经在梅城江公望故居建里仁坊，明代时重修，后毁于太平天国时期战火，2019 年重建。

（撰文：朱睦卿）

中正不阿的谏臣王缙

王缙(1073—1159)，字子云，分水（今属桐庐）人。北宋崇宁五年(1106)进士，授徽州司法参军、英州知州等职，政绩甚著，吏部考核为一等，选调入京任监察御史，不久，升任殿中侍御史，迅又升为右司谏。

其时徽宗被掳，高宗南迁，政事杂陈。王缙深知言官责任重大，乃与同僚曰："目前国家正值多事之秋，既任言官，应从社稷安危出发，对国家大事，要知无不言，启沃君心。"他上任不久，针对徽宗遗留下来的空谈儒道之风和缺乏有效的治国之策的弊端，于绍兴五年(1135)，向高宗上了《上殿第一劄子》："（陛下）亲擢台谏之臣，

王缙像

以为耳目之寄，其致治天下之意，光武不足道也。然臣愚，有区区之见，不独在于艰难之际，而犹于在平定之后，所为经久之谋者：纪纲不可不正，法守不可不严，储蓄不可不广，赏罚不可不明，军政不可不立，风俗不可不厚。"他接着深入剖析说："纪纲正则上下之分定，法守严则侥幸之门塞，储蓄广则战守之计行，赏罚明则劝惩之道得，军政立则僭乱之患消，风俗厚则仁义之人出，人心由是而可一，国势由是而可安，实长久之道也。"得人心者得天下，高宗初御临安，正希冀稳定，对这道奏章非常满意，赞誉王缙"中正不阿，得谏臣体"。

高宗对王缙的建言，多有采纳施行，然纲纪松弛已非一日，整顿多年，虽有收效但不显著。心存君国的王缙，于绍兴七年(1137)正月，追进了一道《言纲纪法度不振》之疏，列举史实："汉有天下四百年，而史臣美高祖之规模宏远，盖有萧何画一之法而曹参守之，以致清静之治也。使画一之法设于上而士大夫不能奉行，则何以致治也！"这话讲得见底了，政策法令定得再正确，若只供于几案，悬之墙壁，民不被泽润，也是徒然，更何况"旧法浸（现作'寝'）废矣，远方帅守监司，或以措置自肆，州县官吏，或以暴敛营私……纲纪不正，法度荡然，虽焦烦宵旰欲以致治，势未能也"！只有"振纪纲为先，使号令出如风雷之鼓舞，德泽施如时雨之膏润，威训行如秋霜之肃杀，万方耸动，唯诏令之是从，则外患不足攘，叛逆不足灭，复土宇，钦中兴，以扬祖宗之光训，以垂传万世，天下幸甚也"！然而高宗难能宵衣旰食，任贤惕厉，黜左右之奸佞，任忠正之股肱，也只是一时动容，阅后仍没有认真施行。

谏臣职责，是为皇帝拾遗补阙，惩恶扬善，使善恶皆有报应，但要得到皇帝认同，采纳支持，这就要讲究方法方式，要适其时，这就是善谏。元代的文史学家揭傒斯，读了王缙的全部奏章疏稿后，称赞其善谏。"故善谏者，必之时之可谏与不可谏：可谏而不谏，不仁；不可谏而谏，不智。君子不为不仁，不陷不智，因其时而已。"王缙之善谏，是用其智于其时，故有些奏议能得到皇帝采纳，谏事其成。如绍兴六年(1136)，淮西、两浙遭受大旱，民食不给，生活非常困苦，而地方官吏一如往昔，横征暴敛，营私舞弊，肆意妄为，甚至制造冤狱，陷百姓于水深火热之中。这天灾虽属近时，而人祸则早见于灾前，只是逢灾年则更甚。勤政恤民的王缙，将天灾与人祸紧密联系起来，上了一道《言平政修德以弭灾》的奏章道："臣闻淮西、两浙大旱，民甚忧之，盖冤枉郁结，干犯和气，正以致旱也。今陛下钦恤刑狱，布在诏令，又命诸路宪臣催促结绝矣。然臣闻，诸路推勘公事司狱，用情之照，证人之多，因禁致死以灭口者，一狱有四五十人，诸路淹久之狱，省台催而未决者三百余件，况有省台未知者乎！"一狱致死以灭口的有四五十人，以省台（中央邢部）已知者有三百余件，其枉死之数，该有多少！皖北及两浙因冤气冲天，因致上苍震怒，故不雨以示警诫。宜切实解决一切冤狱，消弭冤气，同时"禁科役，免谷税，通籴船，以拯救灾民"。这道奏疏真是一本沉冤录，震惊朝廷，高宗纳谏，严惩犯罪官吏，平反冤狱，并救济灾民，使淮西、两浙黎民百姓得到安宁。

有些人，平素温文雅尔、道貌岸然，但在关乎己身得失之时，最能显现其品性。中兴名将刘光世，为国为民立下汗马功劳，进封为荣国公，然其倚功骄惰，后来在率部抗金中，却"御军姑息，无克复志"，世人诟之。绍兴七年(1137)罢其兵权，宰相张浚派兵部尚书吕祉，去淮西节制刘光世旧部，竟被早怀不臣之心的刘光世的旧部郦琼杀害，郦即率军投奔受金国之封、立国大齐的儿皇帝刘豫。因之众官指责张浚命帅不善，起而攻之者有之，侧身避位者有之，闭口不言者有之，丑态百出。王缙却挺立朝堂，大言曰："命帅时，我辈皆参与其事，岂能独罪宰臣？"又不顾权臣暗托其参劾张浚之求，向皇帝上奏，极言张浚之功，不能以一眚而掩大德。但是，高宗已有换相之意，张浚亦反省自己失察之过，请罪求辞，高宗遂罢了张浚的相位。王缙亦遭弹劾，贬谪为常州知州，不久，就乞归故乡分水。

分水江畔有一座浪石亭，据传：昔年秦桧到分水探亲，抽空看望王缙，两人会面于浪石亭，一主战，一主和，志向不同，曾在亭中发生过激烈的争论。谪居于家的张浚，有次特地到分水探望王缙，两个志同道合的老友，虽然闲居，论起天下大事犹是意气风发，临别时，张浚写了一首《会谯浪石亭》之诗，赠予王缙，诗曰："缙桧相逢在此亭，一和一战两纷争。忠良不遂奸雄志，砥柱中流永此存。"后人因张浚之诗，改浪石亭为砥柱亭，纪念这位"中正不阿"的谏诤良臣王缙。

（撰文：罗嘉许）

望乡下马的叶三省

　　宋高宗绍兴二十二年（1152）三月，担任直龙图阁职务的叶三省被撤职，贬往筠州（今江西高安）居住（贬谪官员在指定地点居住）；同时被贬的还有监都作院王远，被除名押送高州（今属广东）编管（贬谪官员编入当地户籍，由地方官管束）。

　　叶三省和王远是因为给大臣赵鼎、王庶写信，极力主张抗金，因"诋毁和议，言辞涉嫌谤讪"的罪名受到迫害。

　　叶三省，寿昌永平乡六都人。宋徽宗政和二年（1112）进士。当时朝政腐败，奸相当道，把个国家折腾得一塌糊涂，金兵南侵，一路长驱直入，攻破京城开封，徽、钦二帝被抓到黑龙江"考察雪乡"去

叶三省像

了。徽宗的第九个儿子赵构跑到南方，建立朝廷，是为南宋。中兴将领们一心抗金，要把失去的大好河山给夺回来，无奈赵构心胸狭隘，担心"迎回二圣"会影响自己的皇位，于是岳飞等人的抗战就注定是个悲剧，而秦桧的出现，只能让这一切以一种更无耻的方式完成。

宋徽宗政和三年（1113），叶三省参加国子监的连续两次考试，连得两个优，但是直到宣和年间，他才调到光禄寺内做属员，掌管祭祀供应酒食。由于工作出色，一年当中，五次升迁，竟把九寺六监任了个遍，当上了尚书右司郎中。到了建炎初，又升至左司郎中，继而又升任起居郎。御殿则侍立，行幸则随从，大朝会则与起居舍人对立于殿下螭首之侧。皇帝的一言一行、一举一动，皆由起居郎记录成文字，交给著作官再录入史册。当上了起居郎，叶三省也成了皇帝的近臣。

虽然当上了有权有势的京官，可叶三省从来没有忘记过自己的家乡，忘记自己出身农家。

绍兴年间，叶三省递呈了奏章，回乡省亲。

得知皇帝边上的宠臣要回乡省亲，沿途各州府的官员使出各种解数来接待，叶三省总是婉拒。到了寿昌县城，知县早就备好了上好的酒席，但叶三省思乡心切，未曾入席，一人一骑径直向老家驰去。知县听闻，带着官员们一通狂赶。叶三省见避无可避，为免尴尬，就脱去靴袜，卷起裤腿，下田帮农夫们干起活来。官员们一见，也都纷纷效仿。这个村的村民在得知叶三省的身份后，把村庄名称改成了"下马山头"，以纪念和感恩叶三省的所作所为，这地名一直沿袭至今。

叶三省与同乡胡国瑞和罗孟郊等一班血性男儿都是知交，在面对金人百般挑衅的国难当头时，敢于旗帜鲜明地出面抵制。

叶三省支持好友罗孟郊主使国子监学生陈东上书，揭露蔡京等六人罪行的义举。钦宗皇帝挡不住有志青年的声讨，迫于无奈，只得将六人之中的王黼、朱勔等治了罪。后来，金人再次南侵，直抵京城开封。当时任尚书右丞相兼亲征行营使的李纲，率领刘晏的"赤心队"及开封军民死命防御，亲自登城督战，击退金兵。

叶三省故里大同镇下马山头村

金国朝廷改变策略，对宋军民用起了诱降之计，朝中奸佞整日在钦宗耳朵边吹风。庸弱无能的钦宗迫于金兵的压力，耳朵骨一软，偏听偏信，竟然想要罢免李纲，以讨好金人。

叶三省找到陈东等一干热血青年，让他们带着京都朝野万余官民，到金銮殿外上书请愿，要求留用李纲为国家效力，以挽救国家危亡、民族命运。由于宋钦宗软弱无能，求和心切，李纲被排斥，东京（今河南开封）陷落，陈东被杀，宋室南迁。高宗即位后，只图偏安，不思北伐，反而重用投降派秦桧，与金人议和，国势日益艰危。叶三省又和罗孟郊、杨炜、王远等人极力反对议和。国难当头，有血性的男子汉，怎能无动于衷？

叶三省自那年回乡省亲以后，心里总是常常想起那位农夫的话："只要阿拉不让别人欺负，就能够好好地种田。"忧国忧民之情总也难以放下。这年，好友罗孟郊调到翰林院后，两个人常常在一起议论朝政之事，发些牢骚。

一天，又和好友罗孟郊及从政郎杨炜聚在一起小酌，想到政见相同的同僚赵鼎、王庶等的不幸处境，不禁黯然泪下。赵鼎时而被擢升，时而被降职。虽然二度出任宰相，最后还是被贬至吉阳军，谪居三年后，绝食身亡。王庶曾任过兵部侍郎，相当于三品以上的官阶，却被贬任谭州府，当了个只有五品的小知府。在知府的位子上屁股还没有坐热就被解除了职务，在解职归朝的路上，经过九江的途中，又被剥夺了资政殿学士衔，只得携带家眷回归故里。到了绍兴十三年（1143），御史胡汝明又弹劾王庶嘲笑朝廷的主和政策，王庶再次遭贬，限时到向德军节度副使那里去报到，在道州软禁居住。王庶身心疲惫，刚赶到贬所时就饮恨去世。三人叹怨如今的人情世故竟是如此的无奈，不由气在心头，愁上眉头。只是端起了酒盅，喝起了闷酒。

气叹了，酒也喝了，麻烦也就接着来了。原来，秦桧早就对这些主战的官员恨之入骨。心想，当年赵鼎、王庶还在世的时候，你叶三省就与他们有书信来往，议论朝廷，当金兵压境的时候老想着和议。还危言耸听地说些"国将难保"的反动言语。如今，又是拉帮结派，聚在一起攻击朝廷。这还了得，不是与我作对还是什么？于是，秦桧就主使御史罗汝楫向高宗皇帝上书，说叶三省、罗孟郊等"饰非横议"，不除，国将不国，君将不君，臣亦不臣。宋高宗受到秦桧的蛊惑，下旨惩办。绍兴二十二年（1152），以"坐讪和议"的罪名将叶三省等人贬逐，罗孟郊被贬谪到兴国军，次年在贬所蒙冤去世，叶三省被贬往筠州。

叶三省生有三子，不知流落于何方。自己虽说等到秦桧死后，又被"复封邑如故"，却也不知卒于何时，葬于何地。在老家大同三村的七个头山西麓，有口清水塘，塘畔"美女仙花形"之穴位筑有叶三省的衣冠冢。人们还将其灵位供奉在寿昌城内的乡贤祠中，享受后人永世祭祀。

叶三省和胡国瑞是寿昌同乡，也是同时代人。胡国瑞的年齿应该大于叶三省，中进士的时间也比叶三省早十年，而且出仕的途径也不同。胡国瑞是"三考"出身，是通过一级一级考上来的。叶三省则是由太学毕业成为贡士再参加殿试的，被授予中书舍人的官职。

叶三省和胡国瑞的关系十分密切，叶三省写给胡国瑞的生日贺诗就多达十二首。胡国瑞去世后，叶三省作《胡彦嘉中大挽词》四首，其一云："早蹑文章省，晚归萧洒州。挥金继疏传，辟谷慕留侯。自合朋三寿，胡为殒一丘。可怜堂下菊，萧飒为谁秋。"表达了对胡国瑞人格的崇敬和逝世的沉痛心情。

（撰文：朱睦卿）

胡国瑞临终一表气如城

　　大臣临终前向皇帝上遗表，申说自己最后的愿望，这在古代社会是常见的事——当然你必须有向皇帝上表的资格，否则也是白搭。因为是临终之言，无所顾忌，出自肺腑，读来尤为感人。三国周瑜临终所作之《疾困与孙权笺》云："人之将死，其言也善。"所作遗书，不做丝毫修饰掩盖，直陈胸臆，最为感人。

　　严州人胡国瑞也给皇帝上过遗表，通篇皆为忧国之言，全无一句涉及私事，其志节之高尚，语词之慷慨，文气之激昂，堪称一代名篇，兹敬录如下：

　　臣彦嘉言：

　　疾痛而号，尚起爱亲之念；死期虽至，宁忘报国之心。敢沥馀忠，仰祈睿听。中谢。

　　伏念臣性资朴直，命属奇穷，惟知强学而有行，非敢要誉以取进。由亳橡曾献版图，荐至郎官，亦先懦被；荏苒二纪，参差九迁，去兹兰省之班，遂守龙舒之节。按临未几，窃盗群兴，剪除幸复于方隅，惊忧已入于心腹。拟寻田亩，以养余年。蒙赐宫祠，得瞻化日。恩波未报，疾寝相婴，肢体不随，膏肓已结。顾舟耕有避人之疾，虽曰亡之，而曾子谓"将死之言，谁为善者"，倘收而用，虽殁犹存。

伏望皇帝陛下，勤俭立身，宽仁爱下，贵用物而屏玩好，登忠臣而斥奸回；省役务农，足食御寇，将帅均赏，守令惟人，一寻可久之彝，尽去不急之务。凡此数事，皆可类推。庶禆上圣之资，以济中兴之业。此心非佞，异乎草封禅之书；近习果贤，不必出尸殡以谏。言穷泪落，形在神飞。已哉！今日之盖棺，冀尔异时之结草。臣无任瞻天望圣，激切屏营之至。谨奉表以闻。绍兴二年十一月丁卯。

胡国瑞（1080—1132），字彦嘉，睦州寿昌县永平乡富塘（今大同镇富塘村）人，生当两宋交替之际，社会动荡，兵荒马乱，在这道遗表中，他简单地回顾了自己一生走过的道路，根据自己的观察和体会，向皇帝提出了最后的建议："勤俭立身，宽仁爱下，贵用物而

胡国瑞雕像（方韦 摄）

屏玩好，登忠臣而斥奸回；省役务农，足食御寇，将帅均赏，守令惟人，一寻可久之彝，尽去不急之务。"对自己要勤劳节俭，对臣下百姓要体恤爱护；日用物资必须重视爱惜，而对那些没有实用价值的玩物要坚决摒弃，重用忠义之人而排斥奸巧小人；减少百姓的劳役，重视农业生产，这样才能丰衣足食，才有抵御外寇的保证。国计民生，政治军事，用人方略，道德操行，都讲到了，简直就是一篇简要的施政纲领，而这一切，都是为了"中兴之业"这个大目标服务的。

胡国瑞上表的目的很明确：北伐中原，收复失地，迎回二圣，洗雪国耻。这与诸葛亮《出师表》"奖率三军，北定中原，庶竭驽钝，攘除奸凶，兴复汉室"有异曲同工之妙。

历史的吊诡之处在于，胡国瑞上表的对象宋高宗赵构和诸葛亮上表的对象蜀汉后主刘禅一样，皆是"扶不起的阿斗"；而赵构比刘禅更甚，除了昏庸无能以外，还心胸偏狭，疑忌忠良，弃陷敌国囚城之父兄于不顾，破赵匡胤不杀文官、功臣之例，擅杀上书的太学生陈东和抗金名将岳飞，是为中华民族的千古罪人。因此，胡国瑞上表的结果可想而知，赵构是半句也听不进去的。但这并不妨碍这道遗表的历史光彩，反而更加凸显了胡国瑞人格的光辉。

胡氏乃寿西望族，书香门第，出过不少人才，如北宋的胡楚材、胡英材，明代的胡同文等，都是一代名流。富塘村是胡氏聚居之地，靠山面水，村后紫盖峰是千里岗山脉的余脉，村前淞溪是寿昌江的支流，风景优美，土地肥沃，山林丰茂。富塘村被人称为富塘街，可知当年兴旺繁荣的景象。胡国瑞在优美的自然环境和浓郁的文化氛围中成长，自幼饱读诗书，七岁时即能"日诵千言"，十二岁时便能写文章，崇宁二年（1103）二十四岁时，以明经考取进士，授亳州（今安徽亳县）司法参军。

大观初年（1107），朝廷增修《九域志》（全名《元丰九域志》，为北宋官修的一部全国性的地理总志，十卷），由王存领衔主编。《九域志》由唐代的《十道图》和北宋的《九域图》延续、演变而来。《九域图》修于宋真宗大中祥符六年（1013）。宋神宗熙宁八年（1075），因全国行政区域变化，州县的名称有所变动，朝廷决定重修，因不附图，故改名《九域志》。首列四京，次二十三路，终于省废州军及化外羁州。分路记载府、州、军、监之道里、户口、土贡、领县及县所辖之镇、堡寨、山泽等项，对府、州间的四至八到，叙述最详，府州土贡备载额数，足资考核，所列各县之镇、监、场、务尤为治经济史者的重要史料。该书于元丰八年（1085）刊行。胡国瑞于历史地理素有研究，熟悉《九域图》，因此，担任《九域志》编修官可谓是轻车熟路。他充分运用自己渊博的学识，"稽参古今，核正非是，新书为之焕然"（《宋致政左中大夫文安县开国男食邑三百户胡公行状》）。《九域志》是保存至今的一部重要的地理总志，对于研究北宋时期的历史、地理以及经济、文化都有重要的作用。作为严州老乡，我们为胡国瑞能参与编纂这样一部重要的典籍而感到自豪。

书编成后，胡国瑞因为业绩突出，录改京秩，外放之鄢陵县（今属河南）任知县。鄢陵多盗，胡国瑞注意从严治吏，改善民生，兴修水利。社会安定了，穷苦百姓的生活有了保障，盗贼也就没有了。因为政绩显著，被上级列入升迁官员的名录。正在这时，却收到家书，说老父病危，于是急忙东下，为老父送终守孝，丁忧三年。服满返京后，受知枢密院事郑居中推荐，任详定敕令所删定官，不久，又召试馆职，任秘书省校书郎，迁著作佐郎。

原来，郑居中看到新编的《九域志》以后，十分赞赏，很器重胡国瑞，遂向皇帝推荐他担任主管文化的官员。徽宗重和元年（1118），被诏纂修《崇宁日（实）录》，实际为皇帝的日常起居、政务处理的原始记录，对皇帝的缺失过错也必须如实记录，是编修国史的重要素材。胡国瑞"明著事实，卒无能窜其辞者，遂为成书"，实事求是，秉笔直书，最后得以顺利定稿成书。从中，我们可以窥见胡国瑞深邃的政治眼光和深厚的史学功底。

徽宗晚年，沉湎于声色之娱，诏天下征奇花异石，兴花石纲，起艮岳，政治腐败，民不聊生，以蔡京为首的"六贼"把持朝政，只知迎奉徽宗，搜刮民财，中饱私囊，老百姓怨声载道。王黼为六贼之一，是胡国瑞的内侄姻亲，时任少宰（右丞相），权倾一时，但鲠直的胡国瑞不屑与之为伍，在公开场合每每与之争论，惹得王黼很不高兴。

王黼贪婪无比，于相府中设立应奉司，四方贡献先经相府，视为私物，胡国瑞对之坚决反对，他说："相府非有司之地，且于私地而来四方之贡献，疑若已私矣。"这样公私不分，能行吗？王黼理屈词穷，十分恼火。他见这位姻亲不但不买自己的账，反而还要拆台，于是就让手下爪牙散布流言，诬蔑攻击胡国瑞，造谣中伤，准备置他于死地。由于时局急转直下，王黼倒台，"六贼"被清算，胡国瑞才逃过一劫。

胡国瑞安于馆职，不屑奔竞，放着现成的"大树"不去靠，反而还要与之对着干，在旁人看来，绝对是个"大傻帽"，但他却安之若素，滞留馆职七年之久，未有升迁。郑居中看不下去，向皇帝报告，说胡国瑞因为不会钻营投靠，"久滞儒馆，士论惜之"，朝中舆论也为之鸣不平，始得升迁为司封郎中。在朝廷降下的诰书中，有"裁抑侥冒，一正纪纲；奔况矫虔，既以遏阻"之语，意思是说为"安恬久次"的胡国瑞升官，就是对钻营奔走、跑官要官之风的一种抑制，以整肃朝政纲纪；胡国瑞淡泊自守，应该"在所甄升"，以示奖掖表扬。诏书颁布之日，朝臣们才知道胡国瑞高尚的操守和品行，对之愈加尊重。

宣和二年（1120）十月，胡国瑞的家乡睦州爆发了方腊起义，消息传到京师，朝廷召集百官商议对策，有主张镇压的，有主张招安的，议论纷纷。胡国瑞认为：起义的百姓原来都是善良之人，只是不堪地方官吏的欺压、搜刮，是被逼的，应该罢除苛政，减轻人民负担，这才是根本。他列出具体苛捐杂税的名目，上报朝廷，经皇帝批准后罢除。因老母在乡，胡国瑞要求随军同行，于是任命他为钱粮乡导官，随军而行。后来，他将避乱于衢州的老母迎入京师。方腊平定后，因功晋爵一级，除吏部郎中，进朝议大夫。

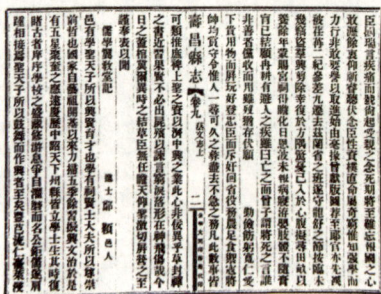

胡国瑞《上高宗皇帝遗表》

徽宗对胡国瑞还是比较欣赏的，一次召见时曾问过他，听说爱卿文学、政事过人，水平是有的，为什么老是升不上去呢？这话近乎白说，当不当官还不是你皇帝老儿说了算吗？明显是在推卸责任。不过胡国瑞回答得很巧妙："臣下愚钝，误蒙陛下收录，已属望外，又因脾气死板，屡屡忤触上司，得罪大臣，几次要倒大霉，幸得陛下护佑保全，方能保住老命，哪里还敢奢望升官呢！"徽宗说，那么就让你去担任御史，纠劾百官罢。但又为执政大臣所阻而未成。

因为与王黼的姻亲关系，王黼倒台后，有人要追究胡国瑞的责任，倒是徽宗为他讲了一句公道话："胡国瑞与王黼素来不和，背驰久矣，怎么有罪呢？"但仍然于事无补，于建炎初年（1127）

外放为舒州（今安徽潜山）知州。虽然被冤枉，受到不公正的对待，他仍然坚持做好工作，食君之禄，忠君之事。

舒州在江淮之间，屡遭金兵的蹂躏，民生凋敝，满目疮痍。胡国瑞体贴百姓疾苦，为政宽大，废除苛急之务，得到了人民的拥护，对于为非作歹、乘乱行凶之徒，也能宽严相济，先晓之以理，再绳之以法。州民刘文舜等为盗，后虽被招安，归顺朝廷，但仍不守法度，侵害百姓，百姓们都惊恐不安。胡国瑞每次遇见他们都和颜悦色，也从不断绝他们的粮饷。一个月后，他请刘文舜等人来衙门中吃饭，对他们说："你们原本都是良善百姓，因迫于饥寒，铤而走险，天子仁慈，宽贷你们，而且还给你们安排了官家的职务，是你们转祸为福、化凶为吉的关键，你们应该改恶为善，效功掩过，不然的话，天威震怒，下场就不好了。"并下令：如果再有侵犯、扰乱百姓之事，将严惩不贷。这伙人听了都暗笑，认为胡国瑞不过是讲大话吓唬人而已。不久，他们又出城掳掠，胡国瑞立即下令抓捕，将主犯斩首示众，这些人才大为震动，煞住了这股邪风，社会治安大为好转。

经过国难动荡，父母双亡，操劳政务，胡国瑞的健康状况已大不如前，到舒州后，病情加重，只得打报告要求病休，被安排提举杭州洞霄宫。舒州百姓闻讯，纷纷要求上级让胡国瑞继续留任，挽留的人群挤满官道。胡国瑞走后不久，刘文舜等人又重新叛乱为害。

回到故乡后，胡国瑞尽力做些赈贫恤孤、药疾殓死的社会公益事业，后又调提举江州（今江西九江）太平观。本为鱼米之乡的江州，却因战乱而经常闹饥荒，胡国瑞设法筹集资金、贮粮备荒，荒年时以低于市价四分之三的价格卖给饥民。有人企图买下备荒之粮囤积起来以图暴利，被胡国瑞断然拒绝，对此，江州百姓都十分感激。

绍兴二年（1132），胡国瑞上表致仕，以中大夫尚书吏部侍郎的官衔和文安县开国男的爵号正式退休。回乡后，他购置田亩，开办义学，以田亩收入作为供养学子之用，人称"义畈"。

胡国瑞孝父母，友兄弟。朝廷有惯例可封荫家中子孙，他却把这个好处让给了弟弟国士，以慰母心；第二次又把机会让给哥哥的儿子胡俦，最后才给了自己的儿子，他的这种高风受到了乡人的称赞。同年十月廿一日终于家，年五十有三。

胡国瑞博学多才，正直廉洁，一生行事，无论于公于私都依礼而行。临终遗表，使得他的人格得到了最后的升华，地方志对此赞言"忠直之气，洋溢纸上"，给予他很高的评价。

胡国瑞的气节和故事，将一代代传承下去。

（撰文：朱睦卿）

赤胆忠心叶义问

　　叶义问（1098—1170）走上从政之路，正处于动荡的南宋初期，政坛矛盾和社会情况极为复杂。他秉持着忠诚正直、敢于担当的精神，敢于忠言直谏，敢于弹劾不法官员；参与官员队伍管理，监督官员表现，对官员选拔提出建议；在田赋征收、税务管理等方面，积极建言献策。在采石之战中，叶义问以不谙军事的一介书生，受命于危难，上战场充当一个领军的角色，取得了胜利，确实不容易。

叶义问像

　　《（民国）寿昌县志》载："叶义问，字审言，九都人，登建炎二年进士第。慷慨，多大节，甫筮仕即疏时相奸邪，分教上饶护郡印，辄发常平粟赈饥。高宗器之，擢侍御史。绍兴十九年为吏部侍郎。时宰相主和议，兵备浸弛，义问请防海道，守淮甸，遣戍卒，严斥堠，练军，牧马，此六者，今日急务，猝行则不及，预备则有余。寻除兼尚书，升枢密院。使金，还，进知枢密院事。金主亮南窥，上命视师江淮，御书'义问到处，如朕亲行'八字于旗以赐之，遂有采石之捷。孝宗即位，封新安郡侯、资政殿学士、提举洞霄宫。义问虽居政府，所得俸禄悉以周故人，无资治第，寓衢州庵舍以卒，谥忠简。"

纵观叶义问的一生，在历史上褒贬不一，功过是非难以简单描述。而叶义问最终得到的谥号"忠简"二字，有坦诚正直、忠诚有义、赤诚无私的意思，是对叶义问忠于职守、勤政廉政精神的褒奖。今天，我们从相关史料中撷取几个具体事例，可以清楚地看出叶义问从政为民、为人处世所坚持的态度和精神。

坚持原则，秉公办事。在饶州（今江西鄱阳），前枢密徐俯的门僧以事犯罪，叶义问将其绳之以法。徐俯得知后，想让义问网开一面，叶义问不允，说："释之则何以服他人也。"徐俯对叶义问本来是"惜其才、敬其忠，欲荐其升迁"的，但叶义问秉公执法，得罪了徐俯，徐俯的心自然凉了，就揣着荐书回去了。绍兴六年（1136），叶义问因事调离饶州，知江宁县（今江苏南京西南）。叶义问上任伊始，即修护江堤。江宁是长江枢纽地段，江面宽阔水流急湍，每年皆须派劳役修堤护堤。叶义问关注民情修堤事切，但又遇上了难题，江宁是宰相秦桧的故里，亲朋眷属网结，言不出役工。叶义问召与秦桧亲近的人为门役，同僚们认为这样不可，义问却说："如果不这样，怎么能使他人信服我呢？"秦桧亲朋受到震慑，只得依法承担劳役。绍兴二十五年（1155），秦桧死，叶义问被同知枢密院事汤思退举荐。高宗记得义问曾弹劾过范宗尹，就召见义问入朝，擢殿中侍御史。时枢密院汤鹏举企图仿效秦桧所为，培植自己的党羽，将亲信周方崇、李庚等安置在台谏之列，以便结党营私，铲除异己。叶义问于是屡次上书弹劾汤鹏举，有"一桧死，一桧生"之语，结果汤、周等皆被罢。绍兴二十六年（1156），许多地方依朝廷的政策出卖官田，所得的钱七分上交朝廷，三分充当购买常平米的本钱。此举实行不久，官田就卖得差不多了，一时朝廷议论大起，恐卖者佃人失业，而未卖者失租。这时，侍御史叶义问上书道："今尽鬻其田，立为正税，田既归民，税又归官，不独绝欺隐之弊，又可均力役之法。"（《宋史·食货志》）说了较为公正的话。叶义问的许多建议对巩固南宋王朝起到积极作用，为此深得宋高宗赞赏，在不长的时间里，叶义问从侍御史升迁吏部侍郎兼史馆修撰、吏部侍郎兼侍读、同知枢密院事。

勇于担当，开仓赈济。绍兴四年（1134），叶义问任饶州州学教授，同时代理郡守职务。当时饶州的治所就在现在的鄱阳县，曾经管辖过鄱阳、余干、万年、乐平、浮梁、德兴、都昌七县。叶义问一到饶州，立即深入民间，了解乡风民情，掌握实际情况，打算脚踏实地，做出一番政绩来。当地农耕生产的特点是广种薄收，产量不高。这一年，恰逢干旱严重，粮食几乎绝收，百姓缺吃少粮，生活无着，民心浮动，各县陆续传来百姓饿死的消息。面对这一情况，叶义问担心民荒易乱，若不及时解决，可能会引起社会动乱。此时，叶义问想到了常平仓。常平仓是官衙的储备粮仓，没有朝廷的圣旨不得随便动用。叶义问在来不及上报请示的情况下，冒着被革职的风险，自主开启常平仓，发放米粮，赈济灾民，稳定了民心。此事被提刑官黄敦彦上书弹劾。高宗还算开明，认为叶义问私开常平仓赈灾固然有错，但考虑到此事安抚了一方百姓，缓和了矛盾，预防了民乱，因此并未处治叶义问。

不畏权势，义释宗元。绍兴九年（1139），叶义问任江州（今江西九江）通判。这时，秦桧已经掌握了朝中大权，正干着排斥异己的勾当，只要顺了秦桧，就能平步青云；如果逆了他，那就没有好日子过。当时，豫章（今江西南昌）太守张宗元不从秦桧，公开批评秦桧和议是卖国。秦桧十分恼怒，密令江西漕运总督张常先，趁张宗元路过江州、舟渡长江之际，截船拘押问罪。张常先不敢违命，将拘押张宗元的差事交给了叶义问。叶义问知道张宗元是个忠臣，只是因得罪秦桧才招来灾祸，他义愤填膺，将公文投于地，说："吾宁得罪，不为不祥。"（《宋史·叶义问传》）叶义问放走了张宗元，张常先难以向秦桧复命，便把责任全部推到叶义问头上。秦桧闻之甚怒，联想起江宁劳工之事，便借故将叶义问的通判官职给罢免了。

文官督战，功不可没。高宗朝的局势，内忧外患，尤其是北方金国在江淮以北结集数十万军，企图渡江以侵宋室。而朝中大将如刘锜、吴璘者，皆已年老，一些主战的文官如叶义问、虞允文等勉为其难地参与了军事行动。叶义问是主战派，他在上书中说："播告中外，誓与天下，上报父兄之仇，下雪臣民之耻，凡前日中外诸臣误国家以和议者，悉正典刑。"说出了当时朝野许多人的心声。针对金国虎视眈眈的野心，叶义问忧心忡忡，先后向皇帝呈报了《海道宜备师屯奏》《两淮形势奏》《金人乞和对策奏》等奏疏。《（万历）续修严州府志》中载："绍兴二十九年，（叶义问）为吏部侍郎。时相主和，议兵偹寖。义问奏有备无患，请防海道、守淮甸、迁戍卒、严斥堠、练军、牧马。此六者今日急务。"这一年，叶义问专门呈报《言有备无患者六事奏》，提出六项防备要务，建议皇帝当密行之，做到有备无患。对于宋、金双方的军事形势及战略部署，叶义问持"应变""持久"二说，以为："两淮形势，在今危急……比已分屯诸将，宜饬令择地险要，广施预备，此应变之说也。秋冬之交，淮水浅涸，徒步可过，若敌今岁未动，请江淮一带，遴选武臣为守，公私荒田，悉拨以充屯田，使募人耕之，暇则练习，专务持重，勿生衅端。来则坚壁勿战，去则入壁勿追，使之终无所得而自困，此持久之说也。"（《续资治通鉴》卷一百三十三）当高宗闻金国有犯边意时，遣叶义问出使金国，探听虚实。义问回国后认为金国大造舟船、储备兵器，一定有南侵的企图，应该在沿海要害处屯兵防备。"采石之战"是南宋唯一的一次击败金军渡江的战役，在宋、金战争史上具有重大意义，就是这场战争，阻止了金军南下吞食南宋王朝的脚步。叶义问虽然是个文官，但他代君督军，敢于亲临沙场督战，充当一个领军角色，功不可没。

女婿有才，避嫌不荐。李升是叶义问的女婿。《（民国）寿昌县志》载："李升，字则甫，仁都一李村人。凝重寡言，洁修好学，尤长于《尚书》。登绍兴丁卯进士，对策擢第一，拜国子监博士。上召儒臣讲论《六经》，唯升隽永，多所解释，上嘉其才，欲大用之，为奸臣秦桧所忌。二十一年，升即告病归，布衣蔬食，养志自娱。娶叶氏，即本邑知枢密院事义问之女也，少亡，竟不再娶。"绍兴二十五年（1155），秦桧患疾而亡，叶义问被高宗重新召回启用，迁侍御史。这个时候，只要叶义问向高宗举荐，为女婿谋个一官半职是轻而易举之事。但叶义问为不授人以口实，始终没有为女婿在仕途上的事出一点力。

暮年落寞，终老南庵。《（万历）续修严州府志》载："孝宗即位，封新安郡侯，资政殿学士，提举洞霄宫。义问虽登政府，所得俸禄尽同故人贤士，无资治第，寓衢州庵舍，以卒。"《（民国）西安县志》载："叶义问寄寓城南二十里，石室南庵。"许多文史记载，叶义问虽然官至枢密院使，但清廉于政，所得俸禄尽付故人贤士，退休之后祖地无屋可居，又无资建造新宅。原来，叶义问有一个堂叔，在家务农，人口多，住房紧。他看到侄子义问在外做官，房子一直空着，于是便寄信给义问，请求义问把房子借给他家暂住。叶义问回信满口答应。到叶义问退休回乡时，看到堂叔家的状况，也就不好意思开口收回。据说，当时的寿昌知县知道后，提出为叶义问出资修建宅第，叶义问认为这是"假公济私"，便婉言谢绝。到哪儿落脚呢？女婿李升来接岳父到李村家中居住。叶义问在女婿家住了一段时间后，觉得女儿已经不在了，女婿再好总有些不便。于是，他借寻访好友为由，告别女婿，想出门寻找更为合适的地方安居。不久，叶义问就来到邻县西安，就是现在的衢州，在烂柯山麓一所叫作南庵的庙中住了下来。这时已是宋孝宗乾道元年（1165）冬天了。到了乾道六年（1170），叶义问终老此庵，享年七十三岁。

（撰文：汪国云）

注重教育、为民请命的张栻

　　张栻是南宋著名学者、理学大师，与朱熹、吕祖谦合称"东南三贤"。这位大学者担任过严州的长官，并留下过良好的政绩，对严州的文化教育事业产生了深远的影响。

　　张栻（1133—1180），字敬夫，一字钦夫，又字乐斋，号南轩，世称南轩先生。汉州绵竹（今属四川）人，抗战名臣张浚之子。以荫补官，历吏部侍郎兼侍讲、知江陵府兼湖北路安抚使。主张修德立政，用贤养民，选将练兵，以抗金复仇。后以佑文殿修撰提举武夷山冲佑观。卒后追谥"宣"。受学于胡宏，以"天理"为义，"人欲"为利，强调"学莫先于义利之辨"。著有《论语解》《孟子说》《诸葛武侯传》《南轩集》等。

　　宋孝宗乾道五年（1169），张栻以右承务郎直秘阁权发遣衔出任严州知州。

张栻像

在严州，他以儒家仁义的思想教育人民，治理百姓，按章循规，行政有序，后人称其治理作风"不严而威，不疾而速"，以教育为本，辅之以行政手段，故深得人民爱戴。严州山区，历来比较闭塞，文化落后，民间迷信盛行，庙宇泛滥。张栻予以清理整顿，拆除杂乱无当的"淫祠"，减轻了百姓的负担，净化了社会风气，得到百姓们的拥护。

和范仲淹一样，张栻抵任后的第一件事，就是抓教育。下车伊始，即往州学视察。严州州学设于州孔庙内，范仲淹知睦州时曾"建堂宇斋庑"，作为校舍。北宋宣和年间，徽宗皇帝亲笔御书"大成"二字赐之。南宋初年，知州胡寅对州学进行大面积翻修，"尽彻（拆）旧屋"，并盖了大批新房，"殿堂、廊庑、斋舍，焕然一新"（以上引文均见淳熙《严州图经·卷一·学校》）。

州学虽然拆旧建新，但学校的南面却仍然被一所废弃的尼庵挡住，只能在东面开门，师生们出入学校，必须"屈折而东出"，很不方便。张栻见了，很不满意，下令拆除挡在南面的废弃尼庵，并且将尼庵的地盘扩入学校之中，用以建学校大门，并建造新屋二十余间，将以出租，租金收入用以补贴学校的生活费用，极大地改善了师生们的学习环境和生活待遇，使得青年学子得以安心读书，为严州的教育事业做了一件实实在在的好事。

张栻在严州做的另一件大事，是向皇帝奏报，免去严州百姓世代相沿的身丁钱捐。

身丁钱统称丁、盐、钱、绢之赋，始于五代时的割据政权，每年都按身丁征收钱米，其中盐捐折钱交纳，绢则交一半实物，另一半也折成现钱交纳，按丁计税，凡成年人都必须缴纳。

据史书记载，两宋时期除四川外，南方各路，不论主户、客户，每岁都按身丁征收。大中祥符四年（1011），皇帝降旨免除两浙、福建、荆湖、广南六路身丁钱，共计四十五万四百贯。但是直至南宋，各地缴纳身丁钱的现象仍然很普遍。绍兴十四年（1144）和开禧元年（1205），先后免除了湖南、两浙身丁钱。

身丁钱是江南百姓的沉重负担，由于规定成年人缴纳，许多穷苦之户，竟然年龄很大了都不束发（束发即是将头发盘至头顶以簪束之，为成年的标志）。宋陈师道（1053—1102）《后山谈丛》有记载云："吴越钱氏，人成丁，岁赋钱三百六十，谓之身钱。民有至死不冠者。"严州地区，身丁钱从来没有蠲免过，自蔡京改变盐法以后，反而加重二三倍，以致"深山穷谷，至有年三十余，颜状老苍，不敢裹头。县吏恐丁数亏折，时复搜括相验，纠令输纳，谓之'貌丁'"（吕祖谦《为张严州作乞免丁钱奏状》，以下所引皆出此文）。

严州"地瘠人贫，丁盐钱绢，额数繁重，民不聊生"，历任地方官对此也十分清楚，但是为了保住自己的乌纱帽，不敢以实情禀告上司，只能昧着良心，"汗颜落笔，蹙额用刑。笞箠缧系，殆无虚日"。身丁钱已成为严州百姓的一大祸害，成为社会动荡的根源和引发民变的导火索。

身丁钱远非一朝一代之弊，自五代起至南宋，已历二百六十八年之久，严州官员也不知换了多少，谁都没有去捅这个马蜂窝，唯独张栻甘冒风险，敢于为民请命，不计前程，不顾利害，毅然上书，仗义执言，没有以天下为己任的博大胸怀是不可能这样做的，更何况张栻在任不到两年，大可"等因奉此"，敷衍了事，官样文章做做，就可以交差，换岗走人了。但他却十分地认真，要将实情禀报，奏状虽由时任州学教授的吕祖谦所作，但决定申报与否、如何申报甚至措辞布局都要由他这个一把手拍板决定。

古往今来，为民请命、忠言贾祸者多矣，对于呈报如此奏状的后果他是很清楚的，弄不好就会丢了前程甚至性命，需要极大的勇气和胆魄！八百多年之后，这份奏章读来仍然是那样荡气回肠，那样激昂慷慨：

民间既无避免之路，生子往往不举，规脱丁口，一岁之间，婴孺夭阏，不知其几！小民虽愚，岂无父子之爱？徒以重赋，忍灭天性，亲相贼杀，伤动和气，悖逆人理，莫斯为甚！

悲悯之心，跃于纸上。从不正常的现实，进一步分析其后果，更为震撼人心：

愁叹之声，间里相接；强悍者穷塞无聊，散为攘窃。四方遂指严州为多盗之区。非犷俗欲独钟于此土，盖丁钱偏重于他邦。原其情状，实可怜悯。

从苛捐重税的压榨，分析出"严州多盗"的社会根源，这就不是一般的就事论事的官样文章，而是从江山社稷的长久稳固考虑的远大目光了。

张栻守严不过年余，但却为严州百姓搬掉了一块压了几百年的大石头，这是一件了不起的大事，应该大书特书。但由于张栻在学术上的名声太大，后人都把他当一代名儒、道学大家、理学大师来对待，塑像绘图于文庙之内，建二先生祠（与吕祖谦共祠）、三先生祠（再加上范仲淹）以祭祀，对他的政治上的远见卓识认识不足，评价不够准确。

（撰文：朱睦卿）

亘古男儿陆放翁

　　陆游的一生是颠沛流离、忧国忧民的一生。在他的诗中，理想与现实的冲突是最动情的主题，充满了"铁马金戈""气吞残虏"的英雄气概和"一身报国有万死"的献身精神。"起倾斗酒歌出塞，弹压胸中十万兵"（陆游《弋阳道中遇大雪》），胸拥雄兵十万，怀具雄才伟略，但抗金复国的志向终不能实现，这对陆游来说是一件郁闷和悲慨的事。

　　淳熙十三年（1186），闲居在老家山阴的陆游，写下了著名的《书愤》诗："早岁那知世事艰，中原北望气如山。楼船夜雪瓜洲渡，铁马秋风大散关。塞上长城空自许，镜中衰鬓已先斑。出师一表真名世，千载谁堪伯仲间！"不久，陆游去都城临安向宋孝宗上书国是。

　　在陆游心中，他是要效力北伐，敢

陆游像

为国殇的。可孝宗避而不答抗金一事，反而对陆游说："严陵，山水胜处，职事之暇，可以赋咏自适。"（《宋史·陆游传》）意思是安排他到严州任职，置身山水，可作诗养性。这一年，陆游六十二岁。

淳熙十三年七月，陆游严州上任。

面对这个山水清绝之地，陆游从孝宗对他的寄语中，感觉到颇有在睦州做过推官的柳三变"奉旨填词"的味道。而陆游勤勉的个性，注定是不会耽于吟咏而荒疏公务。可以从他知严州第三年的《戊申严州劝农文》中所见："盖闻为政之术，务农为先。使衣食之粗充，则刑辟之自省。当职自蒙朝命，来剖郡符，虽诚心未格于丰穰，然拙政每存于抚字。觞酒豆肉，曷尝妄蠹于邦财；铢漆寸丝，不敢辄营于私利。"陆游勤政廉洁的心声，展现了他卓越的风范。

陆游到严州的第一件事就是查阅州衙档案典籍，掌握严州山川、田地、物产、赋税、人口、风俗等基本情况。在不断询问同僚属吏，拜访士绅父老，视察田间民情的过程中，发现严州农民多以砍柴种树为生，粮食不能自给，城中商品奇缺，城东郊野一片荒年凄凉景象……踱步在农田和江堤之间，陆游忧心忡忡，想着粮食歉收、物资奇缺、百姓贫瘠，若不能为民办点实事，有这三江两岸清粼碧水，巍巍青山赋咏，又有何用？

多少个夜晚，陆游辗转反侧。在《严州到任谢表》中，陆游将严州旱情做了如实禀报，请求准予减负免役，开仓济民。那时，严州百姓要缴纳丁盐钱税，农民要缴纳茶叶、山漆、黄蜡、竹木等杂税。而严州又是十五个州军中户口最少、物产最贫的州军，陆游为减轻乡民负担，四处奔走，并要求下属官吏一律不得侵扰乡民。

陆游减免地方附加税的做法，与朝廷政策相抵牾，因而受到上司和州县官吏的指责和怨谤。不是没有过困惑，但转念一想，自己的做法有利于严州百姓，有利于地方安定，陆游于是感喟道："自我来桐江，实无负惸嫠。谗波如崩山，孤迹则已危。"（《照澪滠阁下池水》）

为官不易，初到严州，陆游案头上诉讼的公文堆积如山。严

放翁劝农（雕塑）

州乡民个性刚毅，好强嗜斗，每天处理不完的公事时常逼得陆游捶床大叫，冷静过后又重新投入工作中。陆游在《比得朋旧书多索近诗戏作长句》中写道："庭下讼诉如堵墙，案上文书海茫茫。酒酸炙冷不得尝，椎床大叫欲发狂。故人书来索文章，岂知吏责终岁忙。寒龟但欲事缩藏，病骥敢望重腾骧。"

陆游的廉洁勤政、以身作则，也为州府官吏树立了榜样，使得他们对严州百姓不敢胆大妄为、徇私舞弊。

随着对民情民风的深入了解，陆游意识到改变被节气推着走的严州百姓的生活状态，是迫在眉睫的大事。

陆游召集一批又一批的严州父老乡亲，竭力说服他们改变频繁迎神赶庙会的习俗，强调搞好农业生产、争取粮食丰收的重要性。他也给部属官员布置了宣传任务，让他们在民间广泛宣传农事要合于时而作，但各项准备工作应当早于时令。早计划，才能确保稻菽丰收，来年再也不用向衢、婺邻郡借粮食以备不足。

陆游明白，在严州这座山城里，只有农业丰收，百姓丰衣足食，农村的争吵打闹、抗租抢劫、盗窃诉讼等事件才会减少，社会才能安定，才会进入良性发展。于是，伏案挥笔疾书，一篇《丁未劝农文》诞生："盖闻农为四民之本，食居八政之先，丰歉无常，当有储蓄……今兹土膏方动，东作维时，汝其语子若孙，无事末作，无好终讼，深畎广耡，力耕疾耘，安丰年而忧歉岁。"

第二年，果然是个丰收年。第一批得劝勤耕的严州百姓尝到了粮食丰沛的甜头，欢欣鼓舞。陆游伫立田埂间，心有快慰。为了持续鼓励严州百姓劝农促耕，陆游在第三年又颁布了第二道鼓励农桑的布告《戊申严州劝农文》，他认为："所冀追胥弗扰，垦辟以时，春耕夏耘，仰事俯育。服劳南亩，各终麌麌之功；无犯有司，共乐舒长之日。"

"盖闻为政之术，务农为先"，这是陆游当年在严州的施政理念。农耕社会，百姓丰衣足食便是太平盛世，这也是陆游的两篇劝农文为什么一直被后世所称道的原因。

陆游的才华是毋庸置疑的，他年轻时就诗名在外，人称"小李白"。

陆游赴任严州时，创作总量已达数万首，经过反复、严格地筛选，删去十分之九，保留了二千五百首。他在绍熙元年（1190）曾留下这样一段记载："此予丙戌以前诗二十分之一也。及在严州，再编，又去十之九。然此残稿，终亦惜之，乃以付子聿。绍熙改元立夏日书。"（《渭南文集·跋诗稿》）

驻留严州两年多，陆游为严州留下了二百八十八首诗篇，加上淳熙七年（1180）十一月奉诏回临安，沿途经过严州时写下的六首，共计二百九十四首，均保存在《剑南诗稿》第十八至二十卷之中。而悲愤豪迈的爱国情怀，为家国报仇雪恨，收复失地，解救人民的爱国思想，始终贯穿在陆游的严州诗中。

"我初学诗日，但欲工藻绘。中年始少悟，渐若窥弘大……

汝果欲学诗，工夫在诗外"（《示子遹》）。这是陆游晚年写给儿子的诗，其中的"诗外工夫"指的是为国家的兴亡而不懈努力的过程。中年从军南郑（今陕西汉中）前线时，是陆游报效国家的最好时期，也是"诗外工夫"体验最深刻的时候。所以，在南郑时期应成为陆游诗歌创作的第一次高潮，只是后来杂诗百余篇却"舟行过望云滩，坠水中，至今以为恨"（《感旧》），不幸遗失。

知严州，是陆游一生中最后一次做地方官，其自南郑以来在成都、嘉州、建安、抚州为官的经历与思想，在知严州期间又得到一次很好的总结提炼，也是他最后一次的"诗外工夫"。此前种种人生经历中所萌生的思想和感受，悉数在严州诗的创作中得到喷发和升华。

出任严州知州时，陆游诗风成熟，热心的陆诗追随者们不断地催促他刻印诗集。严州是南宋时善本书的重要出版地之一，宋版严州本，"墨黑如漆，字大如钱"，校雠精良，刻印精细，是宋刻本中的上品。陆游没有错过良好的刻书条件，在严州有确切记载的主持刊刻的书籍就有五部，即《江谏议奏议》《大字刘宾客集》《南史》《世说》《剑南诗稿》。而《剑南诗稿》的问世，是严州文化史上的一大盛事，在当时的诗界引起极大的轰动。

另外，以陆游为主的陆氏家族与严州的渊源极为深厚，自《景定严州续志》载记开始，陆家四代仕睦（严），其中三代知睦（严）

州的故事就在严州广为流传，这在中国历史上也是极其鲜有。感恩的严州人民为了纪念陆轸、陆珪、陆游、陆子遹祖孙四代仕睦（严），南宋时建立了"世美祠"，也是严州地方为"郡侯之世守者"所设的一个享祠，供严州子民世代敬仰。

（撰文：王娟）

寿昌的周三畏——郑琦

　　岳飞之死堪称千古奇冤，在这一冤案中，宋高宗为了见不得人的一己私利，自毁长城，由奸相秦桧一手策划了这起冤案。当时，天下人都知道岳飞之冤，但慑于秦桧的淫威，大都敢怒而不敢言。除了官拜蕲王的大将韩世忠当面责问过秦桧"'莫须有'三字何

郑琦故里寿昌镇高桥村

以服天下"以外，再也没有一个人敢说半个不字。当然也有敢于反抗的，如众安桥施全谋刺秦桧，大理寺卿周三畏挂冠而去的行动，成为轰动朝野的大新闻。周三畏的故事还被写进著名的白话小说《说岳全传》中，回目就叫"勘冤狱周三畏挂冠"。

书中写道，秦桧一心要害死岳飞，严令大理寺卿周三畏将岳飞屈打成招。周三畏经过调查，知道岳飞是冤枉的，不肯做违心之事，但是又担心秦桧迫害，于是下决心挂冠辞职。相传周三畏辞官后，担心秦桧追杀，出家做了道士，云游四海去了，作者为此还特地赞诗一首，诗云：

待漏随朝袍笏寒，何如破衲道人安。
文牺被绣鸾刀逼，野鹤无笼天地宽。

严州民间传说周三畏弃官后，隐姓埋名，来到严州山区，在建德钦堂乡山中的一处道观中寄下身来，至今遗迹犹存。虽然周三畏挂冠的故事与史实有很大的出入，甚至大相径庭，但是由于小说、戏曲的巨大影响，周三畏的故事已经深入人心，是一个同情岳飞的正面人物。

无独有偶的是，在周三畏挂冠之后六十多年，在严州寿昌，出了一位现实版的周三畏式的人物，一个真实的挂冠而去的大理寺官员郑玮。

郑琇，字伯寿，因为父亲郑颖是在职官员而得到"荫补"的照顾，顺利地通过了漕试和省试。荫补有点像前些年招工制度中的"顶职"和"内招"，不过仍然要通过考试来选拔。郑琇精通"五经"中的《春秋》之学，而《春秋》是宋代科举考试的科目之一，可见他也是一个饱学之士。

"漕试"是由各路转运司主持的考试，考试合格的可以直接参加各府（州）三年一次的乡试，考中者称为举人，就有了做官的资格。

乡试合格后，郑琇被授予大理寺评事的官职。大理寺是全国最高法院，掌有生杀大权。评事类似于陪审团，虽然没有判案的实权，但是可以参与案件的审理，并且发表自己的意见，能够对案子的判决产生影响，关键时刻能够发挥重要的作用。

当时有一个边关守将叫王维中的，不知什么原因，得罪了当朝宰相，宰相下令把他抓了来，押解到大理寺，打入天牢，要大理寺判他的死罪。郑琇经过仔细核查，发现这是一桩冤案，许多罪状都是子虚乌有、凭空捏造之词。他向上司提起了抗诉，认为判王维中死刑证据不足，量刑过重，要重新审理。

大理寺卿看着宰相的脸色行事，不敢违拗。一个初出茅庐的毛头小伙子，一个小小的大理寺评事，居然不知天高地厚，对如此大案随便插嘴，不是找不痛快吗？

郑琇回家把这件事情禀告在大理寺工作过的父亲郑颖，郑颖听了，对儿子说："为了顺从上司而冤杀一条性命，这是天理难容啊！"得到父亲的理解和支持，郑瑃坚定了坚持真理的信心，据理力争，果然得罪了上司。自己的意见不被采纳，郑瑃拂袖而归，做起了第二个周三畏。

儿子被罢了官，郑颖反而很高兴，他大笑着表扬儿子说："这才是我郑颖的儿子！"

世上终有公理在，郑瑃因为坚持正义被罢官，也获得了朝野舆论的好评。宋理宗景定年间（1260—1264），有人将郑瑃罢官这件事翻出来，认为当初郑瑃是对的，他坚持真理、不怕罢官的精神难能可贵，应该大大地发扬。于是朝廷重新起用郑瑃，恢复了他在大理寺的工作，并且提拔为大理寺正（掌管刑狱断案，类似于最高人民法院的大法官，属于大理寺的中层干部），后来又被派往处州（今浙江丽水市）任知州。不久，调回京城，担任刑部郎中（刑部主管刑法，郎中为运作实际事务的官员），调来调去，始终没有离开司法系统。最后在军器少监的职位上退休。

军器监是制作兵器的专门机构，相当于现代的兵器工业部，少监为军器监的副职。南宋后期，兵器制造的事务归工部军器所，军器监没有多少事做，成为安置闲职官员的地方，号称储才之地。大诗人陆游六十四岁时在结束严州知州的任期后，就被安排为军器少监一职，有点像当今一线领导退居二线的安排。

不久，郑瑃就退休回家了。他仿照范仲淹置义田、老乡胡国瑞办义畈的做法，出钱购置了田地，创办了一个仁寿庄，以庄田的收入周济同族中的穷苦人家和贫寒子弟，帮助他们渡过难关。

郑涛的清廉和骨气来自父亲郑颖的培养和熏陶。

郑颖，字茂叔，寿昌县六都高桥（今大同镇高桥村）人。年轻时考入国家最高学府太学读书，成绩优异，受到老师和同学们的好评。宋宁宗嘉定十年（1217）考中进士，被任命为刑官，坚持公正办案，执法平允，实事求是，不冤枉一个好人。

当朝的宰相在边境线上发动战争，让指挥军事的参谋官干预朝廷的政事，郑颖认为政府不是评功奖赏的地方，不能这么做。朝廷觉得他讲得有道理，就采纳了他的意见，这件事也就没有推行下去。

后来，郑颖被任命为嘉兴府知府，不久，朝廷准备委任他担任大理寺卿（大理寺的一把手，相当于最高人民法院的院长）。但是遭到御史的反对，说他在嘉兴任职时有贪污渎职行为，派出财会人员前往嘉兴查核他的经济账目。但是查来查去，却查不出什么毛病，反而证实了他的清白，查贪官反倒查出个清官来了。御史们抓不到什么把柄，只好算了，但是这样一番折腾，却伤透了郑颖的心。他发现当时的官场太黑暗，清廉正派的人处处受刁难，不与贪官污吏们同流合污就难以立足，决心辞官不干，告老还乡。回到寿昌老家后，单辟了一间书房，取名"志斋"，以表胸中的浩然志气。

宋理宗淳祐年间，寿昌知县朱涣取"扶翼世教之义"，在寿昌县学建儒学翼教堂，供奉历代儒家圣贤，以倡导文明之风，鼓励莘莘学子见贤思齐，专心向学，特地请退休在家的郑颖作记，郑颖应邀写了一篇《寿昌县儒学翼教堂记》。

在这篇记文中，郑颖阐述了兴学办教的重要意义，并且一一列举当朝在严州任职的大儒张栻、吕祖谦以及本籍先贤李频、翁洮、胡楚材、胡国瑞、叶三省、叶义问等人的事迹，鼓励青年学子们要"思风流之未远，想典型之犹存"，努力修身学习，做一个对社会、对国家有用的人。

（撰文：朱睦卿）

心系民瘼的钱可则

　　钱可则，字正己，天台临海（今属浙江）人。景定元年(1260)六月知严州。初到任上，即着手处理军饷旧案。

　　早在皇祐时期，户部为解决严、婺两郡各自送返往输送绢米至部之劳，敕文规定：严郡以绢一万六千匹，代替婺州输上供，而婺州以米一万五千石输严以偿绢值，严既就近得到军需之粮，婺亦免往严购绢再送户部，以为两宜皆便。可是年时一久，婺州输偿严郡的米，有意拖延，负偿不付，严郡既多输万匹丝绢，又要自籴万余石饷米，官库既枉增支出，百姓也徒加科赋。景定元年，钱可则到任，查明婺州应偿严郡之米，旧积竟达二万八千三百余石，当年新欠尚未计算在内。原因是婺州官吏以为旧债，延宕不付，虽上司几次督促，还以抵拒为得计。于是钱公竭力上报，户部也以为婺州之行为非是，严肃规定：所有景定以后年份，其婺州还米一万五千石，严州解绢一万八千匹，各分作三纲，婺州先自启登本色米斛至严州交管，同严州绢纲申发赴部，第一纲十一月下旬，第二纲十二月下旬，第三纲次年正月下旬，婺米交管，严绢起纲，定在如期同时到部，由京官担任的签判，责任提督。到十月二十二日，又下有圣旨：依户部所申事理，令各处遵守施行。由于钱公勤政爱民，兢兢业业，一丝不苟，严肃其事，与婺州绢米的症结，才得到完满的解决。

第二年七月，又逢浙右大水。浙右，这一地理概念在古时并不限于浙江，而是包括湖北洞庭，江西庐山，江苏常州、镇江及浙江的金华、衢州、杭嘉湖在内的大片区域。这次水灾至冬十月仍未减退，人民的生产生活遭受极大影响。严州处于万山之中，洪水退泄较早，但航道梗阻，运输不畅，本来往旁郡购买米粮，以给的军需民食，因灾国库无羡存，市商无粜售，有些乘难图财的商贩，肩挑背负，荷运至严，量少需多，行商坐贾，哄价抬价，造成粮食价格飞涨，致有缺粮者以野草充饥。民以食为天，太守钱可则曰："民可一日无食乎？亟发仓廪而赈之。"又申报省司，再发公储救济。钱太守走访城乡，察得下情，发布《劝民储粟运粜榜》的文告，以储蓄、运粜为劝："……敢以二事劝：曰储蓄，曰运粜是也，夫一乡一里之内，岂无十数大家，伏腊输官之余，岂无窖囷宽剩，或三二百石，或七五十石，下至于一二十石。家计之不足，乡计之有余；乡计之不足，邑计之有余。谨其闭藏，时其发粜，皆足以济人也。官司方幸饥者有告籴之地，必不强以赈济，必不加以科率，必不指无为有，证少为多，使之有官吏搔扰之费。富者有好义之心，必不裁其价值，必不限其数目，必不驱东就西，强此就彼。"也就是说，储粜运籴，一切随其所宜，就其所愿，只要饥者能籴米得食即可。榜谕还说："官民有相因之势，贫富有相依之情，货财谷粟有相通之理。"如果讲有什么委曲，只不过是转贵籴为平粜，让饥岁如丰年一样，一邑一乡，俱得一饱，这样做富者安之，贫者得恤。他特别指出：官吏不要空言，只着眼于乡绅富户，自己也要有实际行动。钱可则带头捐俸济民，并鼓励有司，凡有惠及百姓者，将申之台阃，请之朝廷，有劳必酬，"的非文具"。榜，乃公开张贴在街头坊市，揭晓于吏民大众，并非一纸空文，是说到做到、起律令作用的，所以又宣布："闭籴增价，泄粜出境，有司之法昭昭，太守亦不得而私也。"

对于洪水大灾，钱可则费尽心思，聚集一切人力财力，劝谕绅民，同策同力，实施惠政，得到了民以全活的灾年似顺年的景愿。

大灾无大患，严州人民得钱可则善行之庇，安然度劫，因之路闻棠荫之歌，野有瑞产之兆。景定三年(1262)四月九日，州民孔文桂等到府衙报告：城东公田中，麦秀两歧。钱可则令人查看，果然有一根麦秆上长着两个麦头，于是就地采摘，得双穗麦头一百，绘制图形，呈献于天子。玉音有报，邦人欢悦。刻之于石，置之于郡治的高风堂里。

严州为文化之邦，旧有儒学，自雍熙二年（985）选卜新址，贤守田锡、范仲淹、赵抃继新之，自绍兴以至景定百有二十余年，历代郡守长官每加修整，然亦有学产被侵夺。钱可则察得府学有樵山一处，被宦家薄租而专以私利，即命其退还儒学，杜绝以权谋私之弊。又钓台书院几处坍塌，客星亭则被僧人占作僧舍，钱公除整修书院之外，另觅地新建佛庐以安僧人，重修客星亭，新其旧貌。

城内六曹巷口，有魁星楼一座。魁星，即奎星，为二十八宿中的奎宿，东汉《孝经援神契》中有"奎主文章"之说，后人建奎星楼奉祀，以为主文运之神。后改"奎"为"魁"，并以魁形塑像供于楼阁之中，文人学子皆往叩之。宝祐三年(1255)，吴渊以朝奉郎兼节制兵马来任严州，下车伊始，造贡院，修军门，兴作文化事业。其在建造魁星楼时，建筑粗构之际，闻皇帝为内库追催贿赂，就直上一本，奏曰："龙章凤篆，施于帑藏之催科，宝册泥封，下同官吏之文檄。居万乘之崇高，而商贿赂之有无，事虽至微，关系甚大。"批评严肃，直指庙堂，被权臣劾罢而离职严州，魁星楼无人继续之。钱可则，在大水灾中济民初安之后，即在吴渊始筑的基础上，修建竣工，并请状元、淳安人方逢辰题写魁星楼的匾

梅城镇六曹巷（李恒 摄）

额，以励文风。

景定元年以直宝章阁来知严州的钱可则，二年十二月升直华文阁权任，三年四月初八日，升直敷文阁、知嘉兴府，五月初一除尚左郎官，十一月升直徽猷阁、除浙东提举，在严三年四升而替去，然"邦人有借恂之愿焉"！

（撰文：罗嘉许）

鲁氏三代建德路

在古严州府城梅城城北的凤凰山下，有一处元代建德路总管鲁显的墓地。

鲁显祖籍河南怀庆路武陟县（今河南省武陟县），父亲鲁祖，因文才武略出众，被荐授南台监察御史，后升任江北、淮东肃政廉访使，随江淮平章不邻吉带南下征讨"婺州贼"叶万五，时为至元二十七年（1290）。次年，元世祖忽必烈下诏，从汉人中选拔路府州县的佐贰之官，鲁祖因此被任命为建德路总管。这里的"汉人"并非泛指汉族之人，而是指江淮以北早已臣服金、元的汉族人。元朝将人分为四等：蒙古人、色目人、汉人、南人。蒙古人最高，南人（即最后臣服的原南宋地区的人民）

鲁祖像

最低。蒙古人和色目人在政治和经济上都享有种种特权，比如蒙古人打死南人可以不偿命，只要赔一头牛就可以了，蒙古人甚至享有初夜权，等等。汉人则介于前两种少数民族统治者和广大江南汉人百姓之间，他们与南人同属汉族，有着同样的血统和文化传统，因归顺已久，统治者较为放心。鲁祖的原籍河南在武陟，位于郑州与洛阳之间，属于黄河流域，距北宋的京都开封很近。宋室南渡，这里就为金人统治，后又归元，至元朝初年，已历时一百五十多年，在元人看来，已是"老解放区"了。因此，从汉人中选拔官员是一项比较可行的政策。

"路"是古代的行政区划单位，始于宋代，元代的路相当于后来的州府，建德路乃沿袭南宋的建德府而来，即原来的严州。元末，李文忠一攻下建德路立即就恢复了建德府的名称，不久，改设严州府。

总管是元代路一级的行政长官。元制，路府、州、县的首长称达鲁花赤（蒙古语"掌印官"的意思），总管则主持行政事务，是实际上的首长。

鲁祖任总管的时间应从至元二十八年（1291）算起，因为这一年忽必烈才下诏从汉人中选拔路府州县的佐贰之官，而不会在此之前。泰定四年（1327），鲁祖卒于任上，鲁显受荐继任建德路总管，直至至正九年（1349）病逝于军中。至正十二年（1352），鲁显之子鲁宝受命摄总管事，至至正十八年（1358）李文忠率兵入建德止，代理政务七年。鲁氏父子三代前后任建德路总管长达六十七年之久。从宋恭宗德祐二年（1276）建德府知府方回献城降元始，至至正十八年李文忠入建德止，元朝在严州的实际统治时间为八十二年，而鲁氏三代守严的时间就有六十七年，占了五分之四。可以说，有元一代严州几乎全是鲁氏在"当家"，鲁氏三代的家史几乎就是有元一代的严州史！这在中国历史上是少见的，在严州历史上更是绝无仅有。

鲁氏三代的历史意义不仅在任职时间之长上，而且在于他们在元朝这一特定的时代为缓和民族冲突、保一方百姓平安所做出的历史功绩上。

元代是中国历史上第一个少数民族入主中原后建立的朝代，这对于加强民族融合、形成多民族的国家有着重要的历史作用，但对中国传统的尊华夏、鄙夷狄的观念却是个严重的挑战，到了第二个由少数民族建立的王朝——清朝，这种敌视的心理就平淡了许多。元朝是一个马背上建立起来的朝代，靠杀伐和征战开拓的版图空前辽阔。有元一代，各地的反抗、起义从未停止过，尤以江南地区为甚，这当然和统治者推行的民族高压政策有关。作为朝廷官员，鲁氏三代都参加了对农民起义的镇压活动，除了鲁祖因讨伐"婺州贼"有功而升任轻车都尉，并被任命为建德路总管外，鲁显死于征讨"海寇"方国珍的军营之中，鲁宝则受命于"红巾寇破江、饶、徽、歙，渐逼建德"之际，这是他们的历史地位决定的，任何人都无法超越历史。正如鲁氏的后裔、明代都匀知府鲁承恩说的那样："今人多以仕元为讳，其实，'元亦天立之君也，凡生于时者仕于朝，夫何疑？'"可谓卓识。鲁氏三代的功绩在于他们在特定的历史条件下保护了人民，为人民做了好事。对人民的态度如何，应该是评价历史人物的最高标准。鲁显祖孙以汉人的身份"处蒙古（人）、回回（人）之间"，尽力保护人民，"处之有方，民不受困"，是很不容易的。

蒙古人占领江南之后，施行了残酷的压迫和掠夺，江南地区尤甚，江浙行省的赋税负担占全国十分之七，加之严酷的民族歧

鲁显墓

视政策，使得南人生活在水深火热之中。鲁祖至建德任职时，担任达鲁花赤的蒙古人"金牌魏元帅"，"不省民俗，专恣暴横，百姓凛凛无以为生"。鲁祖上任后，采取了一系列措施以"革蠹弊"："平狱讼，辟田畴，疏水利，罢不急之征，与民休息；又修孔子庙，创东岳行祠及城池署舍，以兴起斯民入孝出悌之心"，以儒家的礼教来治理百姓，使百姓们在文化上有认同感，在政治上也得到了缓解和宽疏，"民始知有生之乐"。

在总管任上，鲁祖为建德人民做了不少好事，仅举两件为例。

一是解除"金户"之赋。至元末年，上司以国家赋税不足为由，下令将建德路所辖六县升为"金户"，是为上交赋税最重的一等。沉重的负担使得"上户病，中户贫，下户至于流落窜徙"，闹得民不聊生。鲁祖如实地向朝廷反映了建德的实际情况，皇帝下令"罢之"，这才解除了百姓的灾难。

二是罢"江南隐蔽田"。元贞初年（1295），朝廷下令调查江南隐瞒不报之田，"使输租于公"，有点像"反瞒产"，这本来已经是统治者加重人民负担的一种借口，但竟然有人"趁火打劫"，借机将正当合法的田产也诬指为"隐蔽之田"，"欲夺民恒产以入官"。当时的形势是"使者甚威，上下畏袭"，没有人敢说实话。鲁祖冒着风险，向督办的"使者"说明实情，"晓以事理"，并"率正豪猾以法"，最终平息了这一来势汹汹的"查田"事件。

鲁祖守建三十余年，"值大水者三，值大饥者再"，朝廷又屡屡征发"江南富民为军"，被征者备受荼毒，境况"甚惨"，他都想方设法，加以调处。鲁祖死于建德任上，终年六十九岁。建德百姓感其恩德，在百顺门（东门）内建祠纪念。

鲁祖死后，江浙行省"上其守严之功"，推荐已任宣徽判官的鲁显继任建德路总管，这一年，鲁显年方二十六岁。

鲁显继任后，继续执行鲁祖的政策，"一尊先总管之政，百废修举，民瘼是惜"，十分注重保护人民的利益。这也可以举几件事来说明。

一是还百姓山泽之利。建德是山区，百姓靠山吃山，山林的收入是活命的主要来源。但"元政烦苛，凡山泽之利悉入官"，百姓们没了活路。鲁显将实际情况上报朝廷，"于是山泽之禁始开，民始得收籍为私家利"，还了百姓们的生路。

二是释放无辜平民，不邀军功。有元一代，社会矛盾错综复杂，始终未曾宁静过。元人在马背上得天下，又在马背上治天下，老是打仗，征伐不断，激起各地的反抗、起义，此起彼伏。朝廷以军功论升赏，"好事者率缚平民以要（邀）赏"，抓了一些受难的百姓作为盗匪以邀功请赏，这在当时可谓是司空见惯的事情，但鲁显说："军功与民命孰重？"明确地表示了"民命"高于军功的态度。"辄解其缚而散遣之"，让这些被当作盗匪抓起来的平民百姓回家与亲人团聚。这在前程重于军功、军事手段高于政治手段的元朝，是十分难能可贵的。

至正九年（1349），鲁显病逝于曹江征"海寇"方国珍的军营中，时年四十九岁。

鲁显死后，原拟将灵柩运回武陟老家安葬，但此时已是烽火遍地，北有张士诚，西有陈友谅，道路已经不通，又兼岳家王氏无子嗣，"乃返骨，与王氏祖妣合葬于建德拱辰门外买犊乡凤凰山北园内黑石旁，为南北二冢。术者以穴势如凤，俗号为飞凤穴"。看来，是走了一半因道路阻隔而不得不返回的。从此，鲁氏后裔成了建德人，鲁显也成为严陵鲁氏的始祖——这已是后话了。

鲁宝为鲁显长子，鲁显死时，天下已经大乱，"江南兵戈蜂起，诏令不行"。过了四年，红巾军起义爆发，"破江、饶、徽、信，渐逼建德"。鲁显死后，"建德汹汹，民无主帅"，鲁宝被任命为代行总管职务，"设法储积，招募丁壮"，以保一方安宁，"民获安堵者逾年"。

元朝是一个兵戈扰攘的朝代，鲁氏三代守建，"多善政于民"，使严州百姓免除了许多痛苦，对此后人评价道："严虽当兵戈扰攘之冲，数十年间，卒免于流离困苦之患者，皆府君之功也。"当时的江浙行省丞相赵简对鲁显父子十分器重，曾说："江浙六路可以免吾忧者，惟建德也。"倚仗之情，溢于言表。

入明以后，鲁氏后裔出了许多人才，有福建参议鲁谦、都匀知府鲁承恩、新城县教谕鲁镇等，成为严州城中的望族，号称"鲁半城"。鲁氏宗祠的原址就在今建医二院，后改为县孔庙，新中国成立初期建为浙江省第三康复医院，后来移交给建德县，成为县立人民医院，县政府迁白沙后，为建德县第二人民医院。明末清初，不知何故，鲁氏家族离开府城，迁往南乡山区大洋杨村，聚族而居，自成村落，而今鲁氏家庙犹存，宗谱完整，成为宝贵的历史资源。

（本文所引史料均录自《严陵鲁氏宗谱》中鲁祖、鲁显、鲁宝行传。）

（撰文：朱睦卿）

洪景德治水拯苍生

　　洪景德，字艾溪，严州寿昌县人，自幼酷爱读书，立志求取功名。一部《春秋》，他从头至尾不知读了多少遍。寿昌关帝庙中有关羽"穿着盔甲战衣、秉烛夜读《春秋》"的塑像，他想学关羽，以后当个将军，为国效劳。而当他读《尚书》至《禹贡》

洪景德治水（绘图）

一篇时，又为大禹"三过家门而不入"的精神所感动。从此立志，要做一个像大禹一样的人物，为天下苍生谋福。

因学习成绩优异，明正统初年（1436），洪景德以贡生的名义，被选送到南京国子监深造。正统九年（1444），洪景德中应天府举人。按理，他可继续深造，向着进士行列进发。然而，他的一篇关于治水的策论写得十分精彩，被主考官送给上司重阅。很快，洪景德就被任命为南昌府通判，让他去主管粮运及农田水利等事务，官至正六品。

洪景德没有多想，很快打起行装，南下南昌就任。不料，他连屁股都没有坐热，家中就传来了母亲去世的消息。洪景德只得踏上返乡之路。

洪景德在家服丧三年期满，准备重新回南昌就任，突然接到朝廷新的任命，要他前往松江府（今属上海）任通判，让他去那里协助知府治理吴淞江。

吴淞江，发源于太湖瓜泾口，由西向东，汇入长江后入海。由于流经区域多为平原，一到雨季，就易泛滥，危及两岸人民的生命和财产安全。治理松江，重在治理吴淞江，这是历任知府的共识，也是朝廷的期望。

自宋元以来，吴淞江的淤塞情况日益严重，从太湖下泄的水不能顺畅入海。朝廷虽然不断拨巨资疏浚，但屡疏屡塞。到了明朝初期，吴淞江的淤塞情况越发严重，流域内连年遭受水灾。永乐元年（1403），朝廷派户部尚书夏元吉到苏、松治水。当地的一位水利专家叶宗行向他建议，必须寻找一条新的出海通道，导水入海，以减轻吴淞江的压力。

松江府的南面有条黄浦江，它发源于淀山湖，自西南流向东北，与吴淞江汇合后入长江。两江之间，纵横交错着众多大小不一的河、塘。有乌泥泾、曹河泾、华泾塘、六磊塘等，"泾"是当地人对小河的一种称呼。叶宗行利用这些泾、塘，把吴淞江和黄浦江打通，汛期到来时，可通过这些泾、塘，把部分吴淞江之水导入黄浦江，其中的塘还能起到缓冲的作用。这不失为一个高明之举。

可是，松江平原是由长江冲积出来的，其地质构成尽是疏松的泥沙。自叶宗行疏通两江，到洪景德通判松江这短短的四十余年时间里，两江及泾、塘的淤塞情况又十分严重。

洪景德初到松江府，放眼所见，尽是沼泽。他马不停蹄地到松江下属的各县走访。所到之处，他亲临江河湖堤，查明情况，掌握第一手资料。

他在淞江两岸看到，四十多年前，叶宗行所筑的河堤几乎已被江水掏空了底，很多堤坝都已倒塌，江底淤泥厚积，江水溢出江堤，淹入粮田和村庄。

紧接着，他又来到松江府南面的华亭县，沿黄浦江自西向东一路踏访。黄浦江两岸的情况比之吴淞江，也好不到哪里去。

　　经过一段时间的巡察，洪景德对治理松江的水患有了明确的设想。他把自己的设想与知府徐季做了详细的说明。徐知府对洪景德的设想表示高度认可，并让他全权总理治淞一事。

　　小时候，洪景德在家乡寿昌看到，每到清理东、西湖时，乡下的农民都争着到城里来抢淤泥。当时他不懂为什么，他父亲告诉他，那些黑色的污泥很肥，倒到田里去当肥料，无论种稻种藕，都很好。

　　当年，叶宗行把挖出来的淤泥堆在江河两岸作堤坝，汛期一来，这些淤泥会重新被冲刷到江河里去。洪景德则让民众把淤泥挑到自家的田里去，实在没法挑的，也一堆一堆地堆在一个固定的地方，且在四周种上诸如杨柳之类的树，防止它们继续流失。等到这些淤泥凝固后，再在上面建亭筑榭，供人休歇，之后竟然渐成公园。至于江河的堤坝，一律用石块砌筑。这不就是白居易和苏东坡治理杭州西湖的古法吗？

　　上游的苏州府得知洪景德开始清理吴淞江，也发动民众，对吴淞江上游进行清理。两府同心勠力，一条全长125千米的吴淞江终于完成了一次大规模的疏浚，江面平均拓宽到40至50米。

　　接下来，洪景德开始着手疏浚黄浦江。

　　在明永乐年之前，黄浦江称黄浦塘，属吴淞江支流。经叶宗行的治理，黄浦江已然与吴淞江不相伯仲。再经洪景德的治理，无论江面的宽度，还是漕运能力，黄浦江都已超过了吴淞江，成为松江府境内最大的江。这就是历史上著名的"黄浦夺淞"。可以这么说，黄浦江之所以有今天，洪景德功不可没。

两江先后得到疏浚，洪景德又把主要精力转移到连接两江的各泾、塘的清理上来。他前后清理了华泾塘、六磊塘、乌泥泾、曹河泾以及莺脰河等，还凿通曹家河三万余丈。

江河泾塘清理完了，水患得以基本控制，漕运也通畅了，然而，又有一个新问题出来了，那就是陆路交通。

洪景德请来各路工匠，用青石在江河泾塘上广筑石桥。经他主持修筑的石桥有洞泾桥、俞塘桥、云间第一桥等，这些石桥不仅坚固，而且美观，是江南水乡一道又一道亮丽的风景。

洪景德在松江府通判任上一干就是六年。天顺（1457—1464）中，朝廷升他为荆州府同知。

离开时，松江百姓牵衣拉手，怎么也不舍得他走，送鱼送肉，送酒送莲藕的，一时阻塞了前路，一些贤达之士还为他立了"去思碑"。洪景德一步三回头，边走边向百姓鞠躬作揖，挥泪而走。

荆州，古称江陵。它南临长江，地势不高，极易闹洪灾。南堤（即通常所说的荆江大堤）是荆州城的屏障。自东晋至南宋，未断修筑，终因工程零星，没有形成一个整体，每遇大水，就会出现堤毁城淹的惨剧，百姓深受其苦。历来有"万里长江，险在荆江"之说。

荆江之所以洪水频发，还有一个原因，就是长江出三峡，进入宽广辽阔的江汉平原，形成了很多弯道，由于没有了高山的阻隔，江水在江汉平原上肆意泛滥。对于 1998 年的那场洪水，我们肯定记忆犹新，几十万军民誓死卫堤的故事，就发生在荆江大堤上。

荆州治水完全不同于松江。治理吴淞江、黄浦江，洪景德采用就是大禹的治水方法——疏；而治理荆江，"疏"是行不通的，只能采取"堵"的办法。也就是加固大堤，裁弯取直，让荆江在平直、坚固的大堤内，乖乖东流。而这两项工程，每一项都要耗费大量的人力和物力。每年朝廷所给的经费又是那么的有限。历史上所有的筑堤，都是"看菜吃饭"，朝廷给多少钱，就办多少事，所以才有"零星工程"的出现。

洪景德来到荆州，首要任务是筹措资金。他以借贷的方式，向地方民众筹款筹粮，集中资源和力量，仅用一年的时间，就把南宋以来零星修筑的大堤连成一体，并加高、加固。正好，这年夏天，长江遭遇了百年一遇的洪水，荆江大堤经受住了考验，人民的生命和财产安全得到保障，洪景德的功德也广受荆州百姓的赞颂。

荆江大堤修好了，洪景德这才想起自己还是一个举人，这离他取得这个功名，已经过去了近二十年。而这个时候的洪景德已是身心俱疲，他已无意再到功名场上去拼搏，就向朝廷申请告老。朝廷也同意了他的请求。

成化中，洪景德回到故乡寿昌，在寿昌城西筑了一座"田园自乐亭"。"三朝宰相"商辂得知他在家乡筑"田园自乐亭"，欣然为其作记，有曰："士君子之居田里，欲行道以济时者，未尝无仕宦之志；其居官政成，思解组林下，以娱其晚境者，亦未尝无田里之思……"商阁老对洪景德的人品和能力赞赏有加，对他退居林下，也深表理解。

（撰文：沈伟富）

一言安国的姚夔

　　姚夔(1414—1473)，字大章，号损庵，严州桐庐县人。自幼聪颖，经史过目不忘，人称奇敏。正统三年(1438)乡试第一，七年，会试第一，殿试后登进士第，擢吏科给事中。其首次上疏，即向皇帝进谏八事："修圣德，举贤才，考察有司，慎选御史台，宽诰敕限，革监库之弊，立谥法以劝贤，选教官于当地。"事事关切圣德时政之要，英宗皇帝览而嘉许之，并全部采纳，适时施行。

　　正统八年(1443)，姚夔察知全国不少地方粮仓国库，在救灾赈济发放粮食时，官吏交由里正实施，里正、甲长怕贫困者无力偿还，就将粮食先贷给富户，由富户转济，而富户则从中收取利息，以致贫者

姚夔雕像

陷于凶年饥、丰年亦饥的境地。姚夔察知此事，急奏朝廷，令全国各地有关部门，每年开仓贷粮或赈放，先施贷给贫困人户，规定地方官员严格监督，因使国中贫户得益，免于饥馑。

正统十四年（1449），英宗朱祁镇听信宦官王振意见，御驾亲征瓦剌，在今河北怀来县东的土木堡大战，兵败被俘，京师闻皇帝"北狩"，大为震惊，人心动荡。国不可一日无君，朝中大臣劝监国的太子郕王即位，郕王朱祁钰疑虑不定，朝臣议论纷纷，这时姚夔毅然决然地说："国家任用大臣，正为社稷计，事在不疑，何盈庭道舍！"遂与兵部尚书于谦，集众臣到文华殿，请郕王登帝位，安邦定国，稳定人心。

十月，瓦剌部首也先，率兵数万，挟裹英宗直逼帝京，代宗朱祁钰下旨朝议战守，姚夔曰："兵屡失利，人心摇杌，宜坚壁自固。且檄诸边帅，据险设伏，伺归，邀击之。"代宗按之部署，敕江东总兵杨洪选精兵，设伏于险道，兵部尚书于谦率石亨与战，大败瓦剌兵，也先率残部逃窜，国以安定。

景泰八年（1457），代宗病重，姚夔与商辂等大臣，正议立太子时，石亨与张辄、曹吉祥等擅兵拥立太上皇英宗，重登帝位，执兵部尚书于谦入狱，旋杀之。

石亨继其伯父之职，任宽河卫指挥佥事，曾在红城、延安、金山等处，多次击败瓦剌军，升都督佥事、参将。正统十四年（1449），兵部尚书于谦守京师，击退瓦剌军，封镇朔将军。石亨以拥立英宗复登帝位之功，进封忠国公。于是乎，大权在握，兴冤狱，纳重贿，进亲故，从其而得官者达四千余人，权倾朝野，人人侧目，然姚夔屹然独立，石亨嫉之，将其调任南京，任刑部右侍郎。南京刑部彼时规矩废弛，旧案冤狱，拖延日久，姚夔到任，严肃规矩，勤政视事，不多时日，即狱无滞囚。未几，英宗听朝臣举荐，驿召姚夔回京，任礼部左侍郎，即又转任吏部侍郎。前时石亨有知真定府的党羽，因贪赃落职，石亨得势，乃拟好复职文书，令亲信持至吏部侍郎姚夔处，令姚签发，姚夔掷笔于案曰："我宁不做侍郎，决不批准此稿！"既而迁礼部尚书。

成化四年(1468)，慈懿太皇太后崩，周太后不欲慈懿与英宗合葬配享。时为礼部尚书的姚夔，以为事应合乎礼而行，遂三次上奏，有曰："山陵宗庙，圣孝所先。伦典纲常，国家悠重。少有疑阻，关系非轻。"并率众臣九十九人，跪伏文华殿泣谏，遂回上意，卒从其议。迁吏部尚书，加太子少保，遣中官赐羊酒宝楮。

姚夔忠心为国，对朝中大事，若有处置不妥，或有悖义理，或逆鳞可能会遭喹尾而时论缄口者，皆能挺身直言，以至于夺笔、掷笔，真少见于朝廷。后以灾情自谴乞罢，帝慰留之曰："卿老成，当朝夕辅朕，未可言私。"及病将革，乃谓其子曰："吾受国恩厚，不克图报，死后勿随例请祭葬，以重吾过。"无一言语及他事。卒后，大学士彭时称其："丰神秀朗，气度宏伟，隐然如泰山乔岳，不可动摇。立朝三十余年，忧国悯时，恒存念虑，一时大臣，词气慷慨，才识高迈，未有出其右者。"

景泰六年(1455)，严州知府刘纲于府城为姚夔立会元坊一座，桐庐县城先后为其竖立的牌坊，有解元坊、会元坊、大宗伯坊、冢宰坊计四座，为彰显大章之功，见证姚夔之德。

（撰文：罗嘉许）

保国安民的"三元宰相"商辂

　　商辂是中国封建时代为数不多的三元及第（在乡试即省考、会试即全国考、殿试即皇帝亲考中皆为第一名）者之一。在科举时代，三元及第是无上的荣耀。据有关资料统计，自隋朝创设科

里商乡商辂旧居（方韦　摄）

举考试制度到清末废止科举为止的一千两百多年中，文科举三元及第者仅十七人。所谓"十年寒窗无人问，一旦成名天下扬"，考中进士已经很不容易，更何况连中三元呢？因此，商辂在民间有很大的影响。

商辂（1414—1486），字弘载，号素庵，明代严州淳安芝山（今浙江淳安县里商乡里商村）人。明宣宗宣德十年（1435）乡试、明英宗正统十年（1445）会试、殿试皆第一，历任英宗、代宗、宪宗三朝，累官至内阁秩一品事，历任兵部尚书、户部尚书兼文渊阁大学士、吏部尚书、谨身殿大学士，赠太子太保，位极人臣，是真正的三朝元老。明朝不设宰相，以大学士入阁处理朝政，代行相事，俗称"阁老"，因此，民间多称商辂为"商阁老"或"三元宰相"。

商辂为人刚正不阿，宽厚有容，时人誉为"我朝贤佐，商公第一"。

商氏先世本为东京汴梁人，始祖商瑗"寓西夏，官至都知兵马使。宋（仁宗）嘉祐间，因奉使归宋，奏献密事。宋嘉其义，赐地于浙之淳安芝山，子孙因家焉"（《荣禄大夫少保吏部尚书兼谨身殿大学士赠特进光禄大夫太傅谥文毅商公行实》）。经过三百多年的发展，人口繁衍，遂成聚落，称为里商。商辂家中十分贫寒，祖父帮人看山，父亲商仲瑄在严州府当小吏，收入微薄。商辂就出生在州城，从小父母对他十分严格。

商辂生性聪明，刻苦攻读，自幼就立有报效国家的大志，要

梅城镇的三元坊（方韦 摄）

做一个栋梁之材。宣德十年（1435），二十二岁的商辂在省里的乡试中被取为第一名（解元）。少年得志，商辂不由地骄傲起来，待到京中会试时，竟然名落孙山，落榜了。这当头一棒敲醒了他。于是，决定沉下心来好好读书。正统七年（1442），在国子监祭酒（国立大学校长）李时勉的帮助下，商辂进入国子监专心攻读，李时勉"特俾设馆东厢之后设馆，以卒其业"（《明三元太傅商文毅公年谱》）。三年苦读，商辂的功底更加扎实，在正统十年（1445）的会试和殿试中都夺得了第一名（会元和状元），成为明朝两位三元及第者之一，被选入翰林院任修撰，不久，又进入东阁，参与机密事务，成为皇帝身边的近臣。

正统十四年（1449），北方瓦剌族入侵，二十三岁的明英宗受大太监王振的撺掇，在毫无准备的情况下，五十万大军三日内仓促出兵，在土木堡为瓦剌军击破，英宗被俘，明军伤亡惨重。战报传到京城，朝廷震动，人心惶惶。为了稳固民心，皇太后命二十一岁的英宗弟郕王朱祁钰监国，立英宗子朱见深为皇太子。年轻的朱祁钰根本没有治国的经验，又遇上如此重大的国难，更是紧张，立即召集文武大臣商议国是。

御前会议上，是和？是战？是迁？大臣们议论纷纷，意见不一。翰林院侍讲徐珵说："臣夜观天象，京师气数已尽，只有南迁才能免灾。"他的谬论遭到了兵部侍郎于谦的痛斥。于谦说："京师为天下根本，决不可动摇！南宋就是一个教训。主张南迁的应该斩首！"

商辂全力支持于谦坚决抗战的主张，积极协助于谦做好后勤保障和稳固民心的工作。又支持于谦拥立郕王即位，是为景帝，以稳固民心。景帝任命于谦为兵部尚书，统领军务，列阵城外，严密防守。瓦剌首领也先得知明廷已另立皇帝，不肯求和，就率军进攻，抵达北京城下。于谦统帅二十二万明军严阵以待，与瓦剌军展开激烈的战斗。京师居民也协助作战，有的居民爬上屋顶投掷砖石打击敌人，双方短兵相接，拼死肉搏，杀声震天，也先弟索罗、大将卯那孩被炮弹打死，瓦剌军连日战败，不得不连夜退兵北撤，于谦派兵追击，大获全胜，取得了京师保卫战的全面胜利。

景泰八年（1457），被瓦剌释放回国的明英宗朱祁镇在石亨、徐有贞（徐珵因主南迁名声太臭，改名徐有贞）的策划下，趁景帝病重，发动政变，夺回皇位，史称"夺门之变"。派人秘杀景帝，于谦和内阁大学士王文被诬以"大逆不道，谋立外藩"的罪名处死，家属遣送边远之地充军，家产没收。抄查于谦家中时，发现家中并无余财，皇上赏赐的东西全部封存在正屋，一点都没有动。于谦被杀的那天，天空阴云密布，世人皆知其冤。

于谦被杀，奸党们又将矛头指向支持于谦的商辂，说他与于谦、王文勾结，谋立外藩之子，将他关进东厂大狱。商辂在狱中上申辩状说："如果说我谋立外藩有罪的话，那么，我还有请求复立皇太子的《复储疏》，可以验证。"但英宗置之不理。原来，景帝即位后，即废黜了英宗的儿子皇太子朱见深，另立自己的儿子朱见济为太子。为了拉拢大臣，景帝广赐金银财物，加官进爵，一时升迁者很多，致有"满朝皆太保，一部两尚书"之谣。只有商辂始终没有接受景帝的封赠，表明了自己的态度。后来，朱见济病死，景帝病重，又是商辂提出来要恢复朱见深为皇太子，只因发生了夺门之变，奏疏未及送上去，明英宗就复辟了，因此，两个皇帝都没有看到这份奏章。左右也劝英宗：如果没有于谦、商辂他们坚持抗战，抗击瓦剌，京师南迁的话，陛下必然回归无日，更不可能恢复帝位了，英宗这才下旨免去商辂的罪名，削职为民，回到故乡浙江淳安做老百姓。这一年，商辂才四十四岁，正是可以为国出力的大好年华。

在南归家居的十年中，商辂在家乡建"仙居书屋"，赋诗自娱，并出钱募工凿山开道，修桥铺路，为乡里做好事，一度还曾应邀赴江西庐山白鹿洞书院、铅山鹅湖书院讲学。

天顺八年（1464），英宗驾崩，太子朱见深即位，是为明宪宗，次年改元成化，为于谦平反昭雪；成化三年（1467），在家中闲居了十年的商辂被征召入京，官复原职，仍任兵部左侍郎、内阁大学士，参与机务。

商辂复职后，首先上疏建议"勤政、纳谏、储将、边防、省冗官、设社仓、崇先圣号、广造士法"八项大事，得到宪宗的赞许和采纳。言官林诚、胡琛上疏诋毁商辂，说皇上不当用他，然宪宗不听谗言，反而升他为兵部尚书，兼职如故。宪宗要加罪林、胡二人，商辂连忙说："臣尝请优容言者，岂能因论臣而责言官乎？"宪宗喜曰："真大臣也！"仁寿太后的庄户与百姓争田地，事情闹到皇帝那里，商辂说："天下都是皇上的，为什么还要去建置皇庄，与民争田呢？"宪宗听了，马上下旨将皇庄侵占的民田归还百姓，此举赢得了百姓的爱戴，也为皇家挣来了名声，商辂也因此调任户部尚书，兼文渊阁大学士。成化十二年（1476），迁吏部尚书，加官太子少保。商辂多次向宪宗进言，景帝为抗击瓦剌、稳固社稷是有贡献的，有大功劳，应该恢复他的皇帝庙号。宪宗接受了他的意见，追赠朱祁钰为恭仁康定景皇帝。次年，商辂进为谨身殿大学士。

成化十三年（1477），为了稳固统治，掌握宫外臣民的真实动向，宪宗下令于东厂之外再成立西厂，其人数和权力超过东厂，任命贴身小太监汪直负责。东厂和西厂都是特务机构，直接对皇帝负责，凌驾于三法司之上，权力极大。汪直为了升官发财，人为地制造大案、要案，随意抓人，连一些朝廷大臣都难以幸免，严刑拷打，屈打成招，炮制了许多冤案、错案，弄得朝堂内外人心惶惶。

商辂与一些大臣联名上奏，向宪宗揭发西厂的种种非法行为，痛陈其危害，列举汪直十条大罪，尖锐地指出：汪直之辈自称亲承密旨，掌有刑杀大权，擅作威福，迫害善良。闹得"人心汹汹，各怀疑畏；大小官员，惊惶不安；内外文武重臣，不安于位；百司庶府之官，不安于职；商贾不安于市，行旅不安于途；士卒不安于伍，庶民不安于业。西厂不罢，国之安危未可知也"。宪宗看了奏章，十分恼怒，说："用一个小太监，何至于危及天下？"派太监怀恩来追问这道奏章是谁主谋组织的？商辂正色说道："朝臣犯了罪，无论官职大小，都要请圣旨才能逮问，而汪直不向皇上禀报就擅自查抄三品以上京官的家；大同、宣府乃边城要害，直接关系京城的安危，汪直却随意到边关捕人；南京是祖宗根本之地，其留守大臣汪直也敢随便抓捕；那些在皇上左右侍奉的人，汪直也敢擅自更换，这已经危及皇上的安危，如果汪直不除，天下怎能安宁？"

这份著名的奏章就是传颂古今的《修政弭灾疏》（又名《请革西厂疏》）。众位阁臣也都慷慨陈词，据理力争。商辂感动地说："诸公如此尽忠报国，我商辂还有什么可以顾虑的呢！"都御史项忠也上疏弹劾汪直，列举西厂特务种种横行不法之事，请求立罢西厂。在朝臣们的一致反对下，宪宗不得不于当年五月罢去西厂，但对汪直却宠幸如故。奸臣戴缙深知宪宗离不开西厂，于是上书鼓吹西厂的作用，吹捧汪直，正中宪宗的下怀。六月，项忠被削职，当月恢复西厂，而且仍令汪直管辖。宪宗的做法使商辂十分寒心，商辂感到极度失望，深知再上疏抗争也难以使皇帝回心转意，就称病请求辞职回家养老，宪宗御批："卿历练老成，朕方倚任。但自陈衰朽，力求退休，特兹俞允，以遂悠闲。"加封为少保，派驿车护送回家。在家安居十年后病逝，终年七十三岁。宪宗派专官致祭，诏赠太傅，谥文毅。

同僚刘吉曾往淳安看望他，见商辂儿孙满堂，尽享天伦之乐，不由得感叹道："我与公同事数十年，没见你笔下妄杀一人，你现在儿孙兴旺，这正是老天对你的报答呀！"商辂说："我不过坚持按良心办事，不敢枉法乱杀一人而已！"

身后著有《商文毅疏稿略》《商文毅公文集》《蔗山笔麈》，纂有《宋元通鉴纲目》等书；后人辑有《商文毅公遗行集》《明三元太傅商文毅公年谱》等书。

三元及第在中国古代是十分罕见的，加之商辂一生忠正，口碑很好，因此在历史上尤其在民间有很大的影响。在首都北京、省城杭州、州城梅城和家乡淳安都建有纪念他的"三元坊"。州城梅城还有纪念他出生地的"落元里"和生活过的"商园"等地名。严州民间关于商辂的传说很多，大都是歌颂他聪明好学、机智果敢、惩恶除奸。早在明代，商辂的故事就被搬上了戏曲舞台，剧名就叫《三元记》。近代则有越剧和黄梅戏《秦雪梅吊孝》，至今仍盛演不衰。

梅城的三元坊重建于清道光年间，抗日战争时期被毁，2019年重建。

（撰文：朱睦卿）

徐资、徐节父子的忠节勤政

寿昌有一处山岗名叫"忠节岗"，岗上安葬着"精忠敢谓奇男子"的徐资和他"苦节真同烈大（丈）夫"（明·陈谷《题忠节岗徐赠公资及夫人陈氏墓》）的夫人陈氏。夫忠妇节，在封建社会中是很高的评价。

忠节岗的名称是原来就有的，还是因为"青山有幸埋忠骨"，安葬了这一对忠节夫妇而得名的，不得而知，忠节岗的确切位置也已经难以寻觅，但是徐资和他的儿子徐节的故事却一直流传了下来。

徐资，字公正，家住寿昌城东的桑园里，官拜都察院副都御史。都察院的职责是监察百官，辨明是非，有点像如今的中纪委；都察院还有一项非常重要的职责，那就是代表中央巡视、督查边远地区的军务和财政，权力很大。副都御史是都察院的副职，为正三品的朝廷大员。

由于明朝统治者的残酷压榨，贵州一带的少数民族经常发生武装反抗，也有乘机骚乱抢掠的行为，朝廷一味采取军事镇压的高压手段，因而骚乱不断。正统年间（1436—1449），徐资被朝廷派往贵州解决少数民族地区的社会问题。

当地的军队领导郭英请徐资到军营中商议军政大事。徐资主张以政治手段解决为主，军事高压为辅。徐资说："苗人（当地的少数民族以苗族为主，统称'苗人'）文化程度低，也不大有法制观念，高兴了还和你讲道理，惹翻了就像猛兽一样。所以我们要'剿''抚'结合，不能一味镇压。即使要采取军事行动，也要加强军事基地的守备工作。"

但是，郭英并没有采纳徐资的正确意见，坚持出兵。大军进到羊场关（今贵州福泉市东），果然遭到了苗兵的伏击，先锋都

徐资、徐节故里寿昌镇城东桑园里

指挥侯礼战败被俘，失去指挥的军队一时大乱。面对重重包围，眼看突围无望，徐资拔剑自刎，以身报国。

噩耗传到寿昌，陈氏夫人痛不欲生，哭得晕了过去，为之遥祭招魂。因为死于乱军之中，尸骨无存，只能以平时穿戴的衣冠代替，安葬在忠节岗。

徐资为国捐躯，在当时是一件大事，被载入地方志书。十多年后，明朝著名的天文学家、文学家童轩贬职到寿昌来任知县，与多位同僚前往徐资的墓前祭扫，留下了多首怀念的诗作。童轩的诗为《题忠节岗徐赠公资及夫人陈氏墓》：

> 高冢双题墓道前，哀然潜德世争传。
> 死绥漫说县公勇，善教还闻孟母贤。
> 白鹤归来非旧日，彩鸾飞去又经年。
> 霜台令器今名宦，行见褒恩贲九泉。

另外还有严州推官陆钺、夏鼎，副都御史陈俨，浙江监察御史陈谷、俞振才，郎中张骏，训导沈凤等人的题诗，对徐资以身殉国、陈氏夫人苦心守节抚育两个儿子成材都做了高度的评价。

据监察御史俞振才《题忠节岗徐赠公资及夫人陈氏墓》诗"洒血西风遗二子"之句，得知徐资有两个儿子，有一个儿子徐节跟随徐资在贵州，应该是大儿子。父亲殉职后，徐节回到故乡寿昌，安葬父亲，侍奉母亲。

当时，陈氏夫人还年轻，为了儿子的前程，她苦心守节，教育两个儿子成材。明宪宗成化二年（1466），徐节果然考取了进士，实现了母亲的意愿，给陈氏夫人带来了极大的安慰。

徐节考中进士后，被安排到河南内乡县任知县，刚好赶上河南闹灾荒，内乡县颗粒无收，连树皮草根都吃光了，饿死了不少人，尸横遍野，连收尸的人都没有。徐节一方面想办法雇人来收尸，另一方面想办法找粮食救济饥民。

徐节去找那些有钱的富商大户，一家一家登门拜访，苦口婆心，晓之以理，动之以情，以县太爷的名义向他们借粮食，要他们帮助乡亲们渡过眼下的难关。县太爷亲自登门，让这些富商大户们感到脸上有光，同时也觉得乡里乡亲的很难抹下这个面子，大灾之年，是应该有所表现，何况还是县太爷开口来借，于是纷纷解囊，把粮食借给徐节，前后一共筹得粮食一万多石，帮助灾民渡过了难关。

度过荒年之后，徐节从自己的俸禄中拿出银子来还债，一点一点地还清了这一万多担粮食的债务。徐节的清廉和干练，受到了上级领导和基层百姓的一致赞扬，被朝廷评为"循良第一"，很快得到了升迁，被任命为福建道御史。

在福建道御史任上，徐节三次上奏，弹劾锦衣卫指挥牛循的罪行，而且连宰相万安也带了进去。

锦衣卫是明朝特有的特务组织，由开国皇帝朱元璋亲手创立，原名拱卫司，主要的职责是掌管皇帝的仪仗和侍卫，但实际上的职权要大得多，还兼管对文武官员的秘密监视乃至秘密逮捕、审问等活动，类似于苏联的克格勃、法西斯德国的盖世太保和国民党时期的军统特务，人人谈之色变。锦衣卫的首领称之为锦衣卫指挥使，由皇帝的心腹武将担任，只对皇帝一个人负责，可以越过刑事、司法部门直接逮捕任何人，进行秘密审讯，甚至包括皇亲国戚。

后来朱元璋也看出了锦衣卫特权的危害性，撤销了这个组织，但他的儿子明成祖朱棣又将之恢复，让锦衣卫和都察院形成秘密和公开的两个监察文武官员的系统，以利于他的统治。锦衣卫的种种不法行为，引起了文武官员极大恐慌和反感，但是大多敢怒而不敢言。弹劾锦衣卫要有多大的勇气和胆识！徐节的大无畏精神引来了朝野一致的赞叹。不久，调任太平（治所在今安徽当涂）知府。

在太平，徐节革除各种弊政，整顿社会治安，打击黑恶势力，使得老百姓们安居乐业，受到了民众的欢迎和爱戴。由于政绩突出，升任云南右参政，平定了梁山、竹箐的山贼，升任广西右布政使、广东布政使、右副都御史。

也许是上苍的安排吧，徐节担起了和父亲同样的职务，被派到山西去巡视财政、军务、粮饷等情况，重点检查雁门关等边关地区的军事防务工作，加固城墙，疏浚护城河，积蓄粮食，加强战备，保证边寨地区的安全和稳定。

就在山西之行即将结束、准备回朝复命之际，徐节忽然接到了大太监刘瑾的密令，要他事先准备好回京述职的见面礼，并且答应他吏部右侍郎的位置。

刘瑾是明武宗的心腹太监，深受武宗宠信，独断朝纲，权倾朝野，任意作威作福，凡文武官员入京朝见、述职，或离京赴任，都要向他行贿，谓之"见面礼"，动辄白银千两，多的高达五千两，如有不照办的，就被撤职罢官，有的官员竟因为交不起"见面礼"而自杀。许多人则为了凑齐"见面礼"，在京城借贷，待上任后再补还，但是这笔负担最终还是会转嫁到老百姓的头上。

也许是徐节素有清廉之风吧，刘瑾给他开的价码还不算太高，只要他五百两银子，这已经够客气的了。徐节看了，大声地斥责说："不要说五百两银子，就是五百两白铜我也不送！"就给吏部打了报告，辞职回家，不干了。

不久后，刘瑾的罪行暴露，武宗亲自带人去抄刘瑾的家，不仅抄出了几百万两的金银财宝，还搜出了私刻的皇帝玉玺、蟒袍玉带等谋反的罪证，而且在刘瑾常用的扇子中发现了两把匕首。武宗这才相信刘瑾谋反的事实，将他千刀万剐，凌迟处死。

刘瑾死后，被他贬斥的官员纷纷复职，徐节也接到朝廷的诏书，要他回京，官复原职。但是此时的徐节已经身心疲惫，不想再做官了，婉言谢绝了朝廷的美意，在家悠游林泉，安度晚年，十五年之后，终老于家中。

　　徐节虽然闲赋在家，但仍然关心家乡的各项事业，尤其是文化教育和社会公益事业，多有贡献，乡亲们都感谢他的恩德。

（撰文：朱睦卿）

居官勤慎、洗冤为民的徐怀

　　徐怀，字明德，严州建德县龙源夏田（今杨村桥镇龙溪桥村徐洪自然村）人。明英宗天顺四年（1460）进士。徐怀出身书香官宦之家，自幼聪颖，潜心学习，研读"四书五经"，并有远大志向，学业日进。其父徐述，字信古。明成祖永乐中，徐述吏部

徐怀故里杨村桥镇徐洪村（沈伟富　摄）

稽勋清史主事，擢汉阳、宝庆、邵武知府，后任福建都指挥使司，转盐运使。

徐述在汉阳知府任上，兴办学校教化民众，劝导民众做个知书达理之人，深受民众欢迎。作为知府的徐述时刻关心民间疾苦，把百姓的生计始终放在心上。"汉阳地势，其北依山，其南瞰江，东西有湖，皆自然之天堑。"根据汉阳山川地势，对适宜植桑养蚕的地方，徐述大力劝导百姓植桑养蚕。在原本贫困落后的地方，百姓为一日三餐发愁，无法摆脱贫穷的命运。徐述因地制宜、因势利导发展养蚕业和农业，使当地百姓摆脱贫穷，过上了温饱的日子。

徐述对汉阳的城防十分关注，汉阳城原来没有谯楼，他筹资创建了谯楼。有些社坛坍塌许久，他也进行了修葺，政教大行。徐述呕心沥血治理汉阳有方，呈现政通人和的大好局面。当时，朝廷在汉阳征采大型木材，时间紧任务重，徐述不敢有一丝懈怠，想方设法到民间山场征采。在他精心安排下，如期顺利完成征采、上调、解送木材任务，受到朝廷表彰。

有一年，汉阳久旱成灾，农业歉收，有的百姓几乎断炊挨饿，百姓还要欠交课租。徐述急民所急，经过市场调查，得知外埠有谷物，便组织人员从外地购买数十万石，代百姓交足课租，使百姓得以解困。那时汉阳经常有猛虎出没，常伤人畜，搞得人心惶惶，徐述即写文祷神以护祐一方平安。不久猛虎被士卒捕获，虎害绝迹，百姓称誉徐述为"神明太守"，"公明有守，吏民怀服"。当徐述任职届满调离汉阳，沿途百姓依依不舍含泪送别，称颂他为再生父母。

徐述的为官之道、为人之本，以及崇德爱民的一言一行，都潜移默化地融入儿子徐怀的血液骨髓之中。徐怀入仕后，他的职业生涯相当多彩，同时也给他带来机遇和挑战。宪宗成化年间，初授刑部主事，转任员外郎，主要负责中央百官犯罪、审核地方上报的重案、秋审事宜、主持司法行政事务。后调任江西按察使司金事，期满任广东按察副使，转任湖广按察副使，转按察使。不久擢升江西右布政使，召为都察院右副都御史，整饬畿辅边备，并巡抚二京。

明英宗朱祁镇在位期间宠信宦官，听信谗言，于正统十四年（1449）御驾亲征瓦剌，发生"土木堡之变"，兵败被俘。孙太后与兵部尚书于谦扶持朱祁钰继任皇位。瓦剌兵逼近京师时，于谦决定守卫京师，亲自指挥督战击退瓦剌，取得北京保卫战的胜利。此后于谦整顿明军，使得明军战力得到增强，促使瓦剌与明议和，并成功将朱祁镇接回。景泰八年（1457），发生"夺门之变"，景帝朱祁钰被废黜，朱祁镇重新登基，支持朱祁钰捍卫京师的兵部尚书于谦亦被害。

朱祁镇去世前继续当了七年皇帝。死后由其子朱见深继位，庙号宪宗，年号成化。朱见深继位后做的第一件大事就是整饬京畿边备。徐怀奉诏前往蓟州、永平、山海、密云、居庸、白革等京畿地带，开展军备整饬。徐怀深入基层，经过缜密考察，了解士卒兵饷常被克扣，军纪松弛，军心涣散，战力不济，军备参差不齐。徐怀与这些地方的军事长官深入交谈，提出自己的意见和建议，他们却充耳不闻、不屑一顾。

徐怀回京将整饬情况向皇帝朱见深禀报，皇帝肯定了徐怀的不辱使命。其实，皇帝早就不满这些总兵巡抚，这些人都是先帝朱祁镇安插的，故趁此机会索性将甘肃、辽东、宣府、延绥、蓟州诸州总兵及大同副总兵、辽东巡抚、延绥巡抚、宣府巡抚等九人一并召回北京。这九人镇守边境多年，在边境常遭瓦剌袭扰，疲于奔命，毫无建树，未立寸功，军纪松弛，军力低下，无功却自傲，目空一切，遂将这些"老油条"全部撤换，让那些保卫北京之战的有功之臣取而代之，使得边境防备得以巩固。徐怀趁热打铁，向皇上谏疏，为忠臣于谦平反洗冤，为那些参与北京保卫战被朱祁镇迫害致死的功臣洗冤。皇帝朱见深下旨皆予以平反，对那些助纣为虐的宦官予以严惩。

徐怀在任湖广按察使时，遇到一桩棘手的案子。湖广有位先帝的皇亲国戚，是当地的豪绅。为了寻欢作乐，圈地建造楼台亭阁、花苑荷池，却将农户们的土地占为己有。徐怀接案后对农户们进行一番安抚，并亲自到该县进行深入调查，得知农户们状诉均为属实，随即来到县衙召见豪绅，并严加痛斥，勒令拆除建筑设施，平整好土地并如数归还、赔偿农户。

徐怀所到之处，为不少冤案予以昭雪。《两浙科名录》中记载徐怀："居官勤慎，所至洗冤泽民，民以咸德之。"徐怀为官三十多年，在浑浊的官场摸爬滚打，却像一股清流荡涤污泥浊水。他刚正不阿，清正廉洁，两袖清风，至死未留下一分遗产给子孙。徐怀于弘治六年（1493）病卒，为纪念他的高风亮节，在严州府城为其建了一座"都宪坊"，以垂万世。

（撰文：董勇根）

端庄刚介、守正不阿的徐庄

明弘治二年（1489）秋天的一个下午，寿昌乌冈村（今乌石村）热闹非凡，徐氏宗祠的里里外外被打扫得干干净净。时近傍晚，全村老小全都来到村口，他们在等待一位从京城归来的骄子——二十多年前从村里走出去的进士徐庄。

徐庄故里寿昌镇乌石村东的乌石（沈伟富 摄）

太阳将要落山的时候，"骄子"终于出现了。只见他穿着一身普通的旧衣，身后跟着一家老小，外加一个挑担的老佣人，看上去好像有些寒酸。村里人愕然了，在外做了二十多年的官，从从七品升到从四品。如今回家，只有佣人肩上那点家当？

徐庄回家后的第二天，就带着一家老小去祖坟扫墓。

徐家是唐开元年间从兰溪古塘迁过来的。七百多年间，徐家出了一个又一个科举人才，乌冈徐家也因此成为远近闻名的"读书之家"。

徐庄的曾祖父徐善，祖父徐德铭，以及父亲徐志昂，都是读书人。曾祖父和祖父还都做过知县。

明英宗正统元年（1436），徐庄出生了。父亲徐志昂用一个"庄"字给他取名，就是希望他长大后，要端庄为人。

徐庄长大后，不喜与人交往，只知一心读圣贤之书，讷于言却敏于行。明景泰七年（1456），二十岁的徐庄参加乡试，中了举人；十年后，也就是明成化二年（1466），徐庄参加殿试，取得第二甲第九十三名的成绩，赐进士出身，被授予中书舍人，从七品。

中书舍人是个地地道道的文官，相当于现在的秘书，主要负责朝廷的诰敕（封赏类文书）、制诏（皇帝的命令）、银册（凭证类文书）、铁券（相当于免死金牌）等的起草、书写事务，此外没有别的重要职权。

中书省设在紫禁城的午门外。徐庄每天早上按时来此上班，下午按时下班回家，日复一日，月复一月，兢兢业业地做着起草、抄写、报送等一系列烦琐又机械的工作。朝中官员上下朝，都要从中书省门外过。每过一段时间，就有官员换了新装（升官了）。他的同事中，也不断有人离开中书省，到别的部门就职。而徐庄在中书省一干就是十八年。十八年来，他始终守着一个从七品的官阶，未曾挪动。那时，他的同乡，人称"三朝宰相"的商辂已经是谨身殿大学士，是皇帝身边资格很老的大臣。有人建议徐庄，不妨找机会去拜访拜访这位同乡。可徐庄始终不为所动。

明宪宗朱见深是个怠于政事的皇帝，自成化七年（1471）始，他就不再召见大臣。大学士彭时、商辂等借口天上经常有彗星出现，恐非好兆头，要求朝见皇帝。无奈之下，宪宗才勉强接见了两位阁臣。彭时说，天变是很可怕的。宪宗说，有你们在，我还

乌石村紫薇第（沈伟富　摄）

担心什么？只要你们尽心尽职就没事了。这时，徐庄等人来到奉天门外，把一大摞奏折交给彭时、商辂，请求交皇上御览。这些奏折都是御史们上的，内容大多是国库日益虚空，要求降低京官的俸禄，而且特别强调，只限文官。宪宗看都没看，就说，就这么办！说完就退朝回宫去了。从此以后，直到病死，宪宗再也没有召见过大臣，整天在后宫与嫔妃、侍女、宫婢们厮混。大学士万安为迎合皇上，经常进献媚药及房中术给宪宗。一时间，以向宪宗进献房中秘方求官者络绎不绝，就连中书省也有人这样做，且屡屡奏效。徐庄见此，心生茫然。然而，他还是一心一意地做着自己的本职工作。

尽管如此，彭时、商辂，以及都御史李实、给事中张善等一批正直的老臣，还是不断向宪宗皇帝进谏，要求皇上以国事为重。身份低微的徐庄虽然没有资格，更没有机会进谏，但他自始至终站在彭时、商辂等人的谏政行列一边，从没想过要去走后门。

商辂没有等来宪宗的最后召见，于成化十二年（1476）告老还乡。临行前，他和朝中几个知心的大臣说，要知人善任，凡奉承拍马者，概不可用。闻者记住了商辂的话，在之后的几次官员调整中，提拔了一大批正直能干的人到重要岗位任职。徐庄因其人品端庄，也于成化二十年（1484），被派往山西，任布政使参议，从四品。

明代的布政使是主管一个行省的行政和财赋的最高长官，

布政参议是协助布政使管理全省事务的官员，每个行省设左、右两员。

徐庄被外放到地方，且从从七品升到了从四品，徐庄当然知道感恩戴德，但他不会说漂亮话，只知道勤勉工作。

宪宗死后，孝宗继位，改元弘治。弘治二年（1489）春，山西连遭旱灾、蝗灾。河曲一带，虎狼成群，四处伤人。而忻州城郊，更是饥民遍布，哀鸿遍野。

为官一任，就要造福一方，这是徐庄从小就懂得的道理。他亲临忻州，放粮济灾。组织地方力量，打击暴乱分子。

山西有个叫王良的人，年轻时曾在浙江金华的一座寺庙里学过佛。家乡动乱后，他觉得有机可乘，便脱下袈裟，秘密回到山西，暗地里联络蒙古鞑靼部酋长的小王子，让他出兵攻打山西北部重镇大同，他自己则乘明军出征御敌之时，在忻州起事。山西巡抚、都御史翟瑄与徐庄一起，率军围剿。王良逃进深山，最终被擒。当年十月，王良等五十四人被押送京师处斩。

王良死后，另一匪首李福达，利用宗教活动，"聚众为乱，杀伤吏民"，对社会造成更大的危害。

狡猾的李福达为躲避官军的追捕，先改名李午，后改名李越，四处制造动乱，而且声势越来越大，其势力波及山西、陕西两省，地方官府十分恐慌，一面飞章上报，一面派出大批官兵前往围剿。作为山西布政使参议的徐庄，虽是文官出身，但在与王良的交战中，积累了一定的军事经验。这一次，他希望能亲自上阵，杀敌报国。他找到巡抚翟瑄，把自己的想法和盘托出。翟瑄说，你是文官，只要管好你自己职责范围内的事即可。徐庄说："吾为一方守臣，乃不能讨贼耶？"

这一年的十一月，李越由洛川进攻黄龙山，一度占领白水卫，计划夺取战略要地潼关，然后进入中原。徐庄领兵渡过黄河，镇守潼关，拒李越于潼关之下。李越数度攻关，都被徐庄击退，等到山西、陕西两地援军赶到，合击李越。李越大败，从此一蹶不振。山西等地的匪患最终得以平息。

明孝宗对徐庄大为赞赏，决定重新把他调到京城提拔重用。然而，作为"三朝宰相"的商辂早已在家乡去世，朝政大权大多掌控在万安、刘吉等人的手里。对于徐庄的回朝事宜，万安等人是竭力阻挠。加上徐庄多年来为国为民操劳过度，终因"年久积劳成疾"。他决定上书孝宗，告老还乡。孝宗派人到山西慰问徐庄，同时"赐银二锭，衣二袭"。徐庄得到孝宗的赏赐后，直接回归故乡寿昌乌冈。

"银二锭，衣二袭"，是徐庄的全部"退休金"，若一定要折合成今天的人民币，最多也就两三万元。徐庄只带着"二锭银、二袭衣"回乡，难怪乡人们要为之愕然。

（撰文：沈伟富）

修桥铺路的朱暟

朱暟，字景文，江苏高邮州人。明成化五年(1469)由监察御史任严州知府。监察御史具有监督朝臣和地方官吏有否失职，行使职责中有否不法行为，考察地方各级官吏政绩，并参与廷推、廷议，弹劾奸邪，有纠正刑狱等职能。朱暟原是监察御史，凡事身体力行，他带着一身正气来任严州，故下属能自我约束，敛不

梅城镇东馆——富春驿旧址（方韦 摄）

规之风，吏治清明严肃。史评称其："廉能有为，吏不敢欺。扶植善良，豪强敛迹。兴废举坠，多有建置。内外公署，焕然一新。"严州父老都称赞他是百年来没有见到过的好官。

朱皑兴废举坠，着眼于民生。严州城南临新安江，江水紧逼城墙，旧时城墙外边有居民往来的通道，时久，因江水起落，通道坍塌陷深，地势日渐倾斜，行人往来甚为不便。朱皑筹集资金，招募船只，载石筑堤，既御水患，更便行人。

府城东门外的东馆，古设驿站。严州自唐以来，古驿主要有三处，即北驿胥村、西驿朱池、南驿（也是水驿）三河。明初，改设严州驿于东馆而废朱池，不久后，胥村驿、三河驿皆废。洪武九年(1376)，知府赵士敏改严州驿名为富春驿。富春驿为水陆交通隘口，水深岸陡，自东门至驿站的道路，年久失修，且不时被江洪冲刷，坍坏更甚，而行旅众多，官商往来，极为不便。皑带吏员一起路勘，然后带领民夫及自动参加修路的百姓，从东门一直到东馆富春驿站，低处填之，曲处直之，窄处拓之，使湫隘之道成为坦途。为防江洪冲刷道路，皑又沿途种植杨柳，绿荫数里相望，人颂其德，称之为"朱公柳"。

交通，是民生首要的大事。朱皑在开辟畅通城外大道的同时，也注意边远深山要道的开拓与维护。严州所属的寿昌与淳安两县，有一座界山，寿昌称遥岭，淳安则呼之为辽岭，两县共负一岭，一岭隔开两地交通，人们往来，极为不便。平常之时寿昌县人是出艾溪，绕新安江转道淳安，若逢急事须赶路，就要翻越瑶岭，牵藤攀葛，寻羊肠小道而行。山高谷深，时有坠崖之险。朱晥察得民众跋涉有非常之困苦，便与通判刘永宽一起，筹集资金，组织工匠，劈山开路，遇巉崖峭壁则开凿栈道，遇深沟绝壑则架石为桥以渡，费心费力，费资费时，一条沟通两县的孔道终于凿成，行人旅客携着白云，哼着山歌，悠悠然度过瑶辽界岭。

朱晥重视文化教育，除修整学宫之外，另有一个很好的举措，就是厚待诸生。明初府学生员定额四十人，州、县次之，减十人。生员每人每月由国库付给米六斗，后亦有折库银四两。朱晥守严时，为鼓励生员努力学习，为国家造就人才，往往多于规定供给在学生员，使其无须家庭负担开支，特别是家境困难的学生，获得国家无偿供给的米粟物资后，无食宿后顾之忧，能专心学习并取得成就。

朱晥优厚于生，亦悯惜于死。繁华的严州府城，商店及各类作坊盈街遍巷，外来以力谋食的工佣亦多，这些人因劳动过甚，每有损伤而缺医少药，以致积疾伤亡，且无人顾及其后事。朱晥对此极为怜恤同情，自捐俸禄购地设置公墓，以安葬这些不幸亡故于严州的劳苦者。百姓深赞朱晥的大恩大德。

成化九年（1473）朱晥任期已满，考核优卓，升任福建右参政。朱晥卒后，严州人将其供于郡学的名宦祠，春秋奉祀。

（撰文：罗嘉许）

为民开垦农田的"荒政"知府张永

　　张永，字邵龄，四川南充人。明朝天顺三年(1459)由礼部主客司主事任严州知府。

　　严州，是万山之中一偏州，山多田少，可种植粮食的田地，只占十分之一二，军需民食，大部分是向邻近的金华、衢州、兰溪等一带产粮地区平籴而来。由于田地少，自产粮食也不多，依建德为例，那时即在丰熟之年，有田产的人家，可以自足但无多余粮；中产人家，夏收吃不过伏，秋粮吃不过腊月；而普通农家和缺田少地的贫户，收入则更少。如果碰到水、旱灾，官府就实施"荒政"，下大力解决灾民的粮食问题。《（景定）严州续志》载，嘉熙四年(1240)严州知州王佖、淳祐十二年(1252)严州知州季镛、景定二年(1261)严州知州钱可则，这些清官廉吏，所

张永自警联

实施的荒政，主要是开仓赈济、减免税赋、劝分平籴，解决灾民口食，安定灾区人民生活，稳定社会秩序，恢复粮食及经济作物生产。心存民间疾苦、胸怀经世之才的张永，总结前代救荒政策，提出开垦土地、发展粮食生产、于常年预防灾年的策略。这灾前备荒，是对传统荒政的发展，是荒政的上上策，一经披露，众皆赞同。他与同僚一起，踏遍三江两岸，做出规划，募集资金，动员珍惜土地和缺田少地的农民，共同开辟荒野沙渚滩涂。张永到处奔波，现场督导，先后垦得田地二千八百多亩。俗话说：千担百里一亩田，开垦出这近三千亩田地，该付出多少精力，多少辛劳！他把这些新开垦出来的土地，分给缺田少地的贫穷人户，并按升科法，即新垦水田六年之内、旱田十年之内，所得的稻粟粮食，皆归耕种者所有，全免税赋；在种植满六年和满十年之后，再按熟田同等征收国税。同时，免去新垦田地丈量定亩所花的工费、田水管理费，以及某些吏员擅自增添的各种杂费，极大地惠及贫困农户，提高其抗灾能力。五年之后的辛巳年(1462)，严州境域又遭水患，张永立即上报灾情，奏请减免夏税一半，由于灾前备荒充分，百姓得以平稳度过灾年。

在文化教育方面，张永创了一套新法。他在府城厅后边整修了一座平屋，称名"肃敬轩"，从府辖各县军民中，选拔学习成绩优良的子弟，到肃敬轩里学习，并亲自安排日程，亲自讲学，为国家培养有用之才。

张永凡事精明，善于鉴别真伪，知人之所不知，察人之所不察，是讼案推断能手，逢有申诉，随收立审，不枉不过，一时间，监牢中已无收押未决之囚，百姓称颂视其为神明。张永曾自题一联，悬挂于公堂两边柱上，上联是"分毫都许神人察"，下联是"方寸直教天地知"，正是其襟怀坦白的真实写照。志载：某一良辰吉日，忽有白鹊一双，从天空飞来，栖于府衙庭中树上，乌鸦黑雀，色化为白而栖之于衙庭，僚佐吏民皆以为灵异，是上苍告诉严州黎民，张永是个清白廉洁的好知府。

张永任严州知府九年，两袖清风，家无余粟。调离严州时，黎民百姓纷纷上前攀住车辕，舍不得这位父母官离开，诸多百姓，或送钱送粮，或送特产礼品，以资远行，而张永不受一钱一粟、一丝一毫，一一予以退还。他深深地感叹说："九年无德及尔，尔何厚我？"乃赋诗云："堪羡民心忠厚多，非才怎奈命穷何？若教富贵皆由我，头上青天做甚么？"就这样，张永携着穷家，轻舟远赴，行向江西左参政新任所。

（撰文：罗嘉许）

俞谏治乱兴利

俞谏（1455—1524），字良佐，桐庐县孝泉乡（今富春江镇俞赵村）人。明朝弘治三年（1490）进士，授山东济南府长清县（今长清区）知县。为官勤政廉洁，惠爱于民，政绩卓著。经吏部考评，誉为"东藩第一令"，擢升为南京监察御史。正德初年（1506），调到河南任佥事。

俞谏到河南上任后，当时正值嵩县吕梅叛乱，俞谏以剿抚两手策略，吕梅及部下数千人战败被俘，后来全部放他们回家，与亲人团聚。俞谏因剿寇有功，调到江西任参议。江西境内以钟仕高为首的顽匪盘踞在寻乌县南的大帽山，流动于信丰、安远一带，烧杀抢劫，危害百姓。俞谏率兵剿灭，民赖以安，赞不绝口。

俞谏像

正德六年（1511），俞谏擢升右佥都御史，奉旨整治苏州、松江诸府的水利工程。俞谏恪守尽职，专心研究治河方略。察访民情，实地勘察。据当地人反映，常熟县白茅港淤塞，需要疏浚，以保河水畅通。俞谏认真实地勘察后，认为白茅港口与海接近，泥沙随海潮上下流动，随疏随淤，无法清除。年年疏浚年年淤积，得不偿失，劳民伤财，增加百姓负担。俞谏立即上疏朝廷要求停止疏浚。俞谏从实际出发，治理圩塘，保证农田灌溉，旱涝无患，从而维护百姓的利益，深受当地百姓的爱戴。

正德五年（1510）十月，河北霸州文安县民刘六、刘七、齐彦名等聚众数千人骚扰，赵鐩、邢老虎、王浩八、胡浩三等跟随之。次年刘六等入山东、河南，攻下十余县，后被湖广官军击败而死。刘七从湖北武昌攻入江西九江等地，然后进攻江苏镇江，无辜之民深受其害。俞谏治军严明，屡建战功。俞谏分兵坚守要害，率兵袭击，刘七战败而亡，王浩八、胡浩三等投降。俞谏升为右副都御派史。正德八年（1513）正月，王浩八、胡浩三等死灰复燃，拥众万余人，骚扰婺源等县，并延及江西、浙江、福建。朝廷命俞谏总督江西、浙江、福建诸军征剿，并授予节钺。六月，王浩八被击败而死。八月，王浩八残部刘昌三也被剿灭。九月，胡浩三战败而死。明武宗先后七次下旨犒劳赏赐，并升俞谏为右都御史，巡抚江西。又因剿灭建昌（今江西永修县）徐九龄寇有功，深得朝廷赏识，提升从一品俸。

宁王朱宸濠祖上是朱元璋第十六子朱权，朱权于洪武二十七年（1394）被封为宁王，封地在大宁（今内蒙古宁城县西北大明城）。在靖难之役中，朱棣与朱权相约"平分天下"。然而，朱棣夺取皇位后，不仅没有兑现当初的诺言，还将朱权从大宁赶到了江西南昌。等到第四任宁王朱宸濠却挥金如土，大肆结交权贵，与宦官刘瑾等人乱政，构建北京至江西南昌的联络网，隐藏在内心深处的谋反野心也渐渐暴露出来。刘瑾等人还切断地方官与明武宗朱厚照的沟通渠道，将地方官上疏奏报朱宸濠谋反的奏折拦截下来，为朱宸濠歌功颂德的文牒却源源不断递到朱厚照手里，朱厚照竟蒙在鼓里，全然不知朱宸濠谋反之事。

朱宸濠在南昌排除异己，四处拉拢才华横溢的野心人物为他所用。巡视江西右佥都御史王哲不愿归附朱宸濠，竟无端暴死于

俞谏故里富春江镇俞赵村

宴席上。江西副使胡世宁上疏奏报朱宸濠贪赃枉法，锦衣卫却听信朱宸濠之言，扣押胡世宁，囚禁于大狱。更有甚者，朱宸濠还勾结山寇，大张旗鼓地制造兵器。俞谏秉性耿直，不肯阿谀奉迎，发现朱宸濠有谋反之心后，认为朱宸濠反叛，兵荒马乱之下，最受伤害的还是平民百姓。所以俞谏曾四次上疏朝廷，揭露朱宸濠的谋反罪行，但都被刘瑾等人拦截下来。俞谏出于无奈，称病辞归故里，闭门谢绝应酬达六年之久。正德十四年（1519）六月，朱宸濠起兵反叛，攻下南康、九江等地。巡抚南赣汀漳等处王守仁（阳明）挥师平定叛乱。

　　武宗朱厚照驾崩，世宗朱厚熜即位，召见俞谏，授俞谏总督漕运兼巡抚淮扬。俞谏兴利除弊，平定山东青州王棠矿工聚集骚乱，受到朝廷的褒赏，并保荐俞谏儿子入太学。嘉靖二年（1523），俞谏执掌总都察院事，朝廷誉为栋梁之材。次年，卒于任所，赠太子太保，谥"庄襄"。明代徐象梅在《两浙名贤录》中高度称赞俞谏"博古通今，才兼文武，虽古代之名将良相，亦不能超出其右"。

　　　　　　　　　　　　　　　　　　　　（撰文：汪建春）

俞羹与严陵双塔的重建

俞羹，字舜臣，号文峰，严州建德县人，明武宗正德十二年
（1517）进士。

俞羹文武双全，有极高的理政、领军才能，在多年的官场生
涯中，往往政军两务亲力亲为，功绩显著，是明代文官中少见的

梅城镇北峰塔

文韬武略、卓越超拔的能臣。俞龥登第后，外放江西安福县知县。上任不久就遇上宁王朱宸濠叛乱。由于安福县距离宁王大本营南昌府较近，约五百华里，在叛军四五日行程之内，情势紧迫，一时间城乡人心惶惶。俞龥临危不乱，沉着应变，措施得力，处置得当，既做好了民心安抚工作，又抓紧加固城墙和筹集粮草，积极备战，确保安福县未发生大规模骚动。此时任汀赣巡抚、被后世称为"三百年一人"的军事天才王守仁（号阳明）闻变，举兵勤王，会齐各地军兵，北上攻打南昌，并最终击败叛军，生擒朱宸濠与一干僚属，结束了这场四十三天的叛乱。各路平叛部队在北上攻击南昌途经安福县时，在粮草补给供应方面得到俞龥的有力支持。俞龥也因外围协助平叛有功，不久升任长沙府同知。在长沙任上，俞龥巧妙设计，遣散了为害当地多年的土匪大盗彭思昶及手下五千余人，社会治安得以彻底改观。余龥以此军功升迁四川安（县）绵（州）道兵备佥事。履新安绵道初始，正值四川大范围荒灾，剑州、巴州等十一个州县饥民嗷嗷待哺。俞龥及时上报朝廷，要求紧急赈济。朝廷迅速下拨了二万余两国库银用于赈灾，无数灾民赖以存活，并念其功德于怀，朝廷也为此给予了俞龥政绩卓异的考评嘉奖。

安绵道西南面是少数民族聚居地区，苗、吐蕃（藏族的前称）、羌、彝等不同的民族之间经常发生大规模械斗，强势一方屡屡侵扰弱势一方领地，抢掠财物牲口，掳掠妇女儿童。先前镇守的长官多有因平乱而战死者。俞釐到任后，再次充分展示了他的军事才能，他巧设妙计，一举擒获匪首三十余人，收复被强占的良田一千余顷，并修筑平番、赤土二堡，以作为明军守卫基地。

不久，俞釐擢升四川行都司副使，驻军建昌（今四川西昌）。建昌也是少数民族聚居地，土司、部落繁多，民风彪悍，对明朝廷中央政府的管辖多有不满，朝廷只能采取强有力的武力镇压，然建昌地域广大，朝廷军队与部落武装之间的争斗攻击，你进我退，你退我进，无休无止，造成大量民众尤其是汉民族流离失所，民不聊生。余釐驻扎建昌后，深入少数民族地区，通过广泛调查，从实际出发采取了许多对少数民族的怀柔、安抚和妥协政策，进行朝廷政策宣教，调和好汉族和吐蕃人之间、彝族不同部落之间的矛盾；对其中的首要顽固分子，则以强硬手段予以剿灭，由此逐渐消除了不稳定因素，确保大明版图边界地区的和谐稳定。

俞釐后任江西按察使，掌管江西省刑狱，后又转任左布政使、右布政使，主管全省民政，故民间称其为"宪台"。在严州城内建德县衙西侧，曾建有宪台坊（又名兄弟进士坊），即为纪念俞釐及其弟俞稷（正德十四年进士，曾任河南道御史）而建。

俞釐致仕告老还乡后，对家乡的各项事业建设十分关注。嘉靖二十五年（1546），他以在乡养老的乡绅身份，倡议重建严陵南北二塔。

今天矗立在严州古城郊外的南峰塔、北峰塔，是古严州的象

梅城镇南峰塔（方韦 摄）

征性建筑。其中北峰塔始建于隋代之前，原为佛塔。南峰塔建成时代则已不可详考，但从北宋庆历年间（1041—1048）著名堪舆大师吴景鸾诗作"卯巽二方重建塔，状元从此冠群英"之句，可以证明双塔坍塌已经多年，当然也就意味着在此之前南峰塔已经存在。吴景鸾这句诗还直白地指出，两座宝塔的倒塌，导致了严州文运不盛、科举不兴，因此他预言，只要重新修葺好双塔，严州自然文运重兴，且会出状元（此话后来得以验证，自南宋以降，严州产生了詹骙、方逢辰、商辂三名状元）。而北宋哲宗绍圣元年（1094）年出任睦州知州的吕希纯的诗作《萧洒亭》中的"浮梁倒影横紫霓，宝塔张灯叠万里"之句，又可以推断，在这个时期，两座倒塌的镇州之塔又得以重建，并被寄予重振严州文运的厚望而成了严州人"文运塔""文峰塔"。事实上，在南峰塔下曾建有文昌阁，也是读书人常要去礼拜的文运场所。

元代至明代中期，南北双塔仍见载于学者和地方官的诗作中。明武宗正德年间（1506—1521），严州人徐贯在其《严陵八景》组诗中，有《双塔兆魁》诗，说明双塔在正德年间还是存在的。但之后，不知何年倒塌了，而且一倒就是四五十年。由于两塔被视作文峰塔，严州府官绅百姓重建双塔的呼声日趋高涨，但始终因无人牵头而不得付诸实施。直到俞虁退休归乡养老，事情才有了转机。

俞虁发出重建双塔的倡议之后，率先带头捐款募集修塔资金。

严州城内士绅名流纷纷响应，很快就募集了必需的款项。嘉靖二十六年（1547）正月初一，由知府庄壬春主持，隆重开工重建北峰塔，至次年（1548）六月建成。同月，马不停蹄地开工重建南峰塔。由于种种原因，南峰塔重建工程时停时续，之后又经历两任知府，直到十年后的1558年，才在新任知府韩叙阳手中竣工。

南峰塔重建伊始，恰逢巡盐御史鄢懋卿巡查江南诸省盐政，路经严州府。俞夔邀请其为此事撰写碑文，鄢懋卿欣然从命，写下了洋洋洒洒一千余字的《卯巽二峰建塔记》，对双塔的地理位置、人文意义和俞夔倡议建塔的经过，做了详细记载。鄢懋卿虽然后来依附权相严嵩，残害忠良，作恶多端，成为严党的骨干，人品被世人唾弃，但其文采却是一流的。此文刻成碑记，塔建成后就竖立在塔内底层。

南北双塔自此次重建后，历经四百余年风雨沧桑屹立不倒，但也到了斑驳开裂欲倾倒的状态。1984年6月，建德县成立“抢修严州古迹保护文物筹备委员会”，募捐重修北峰塔；之后，在旅游部门的配合下，南峰塔也得到了修葺。2024年，又对南峰塔的元宝顶进行深度维修。

南北双塔于2019年被列入全国重点文物保护单位，成为全市五处国家级文保单位之一。追溯历史，俞夔功不可没焉。

（撰文：黄建生）

清廉刚直的"海青天"——海瑞

海瑞是中国历史上著名的清官，人称"海青天"，与赫赫有名的包青天齐名，是一个家喻户晓的人物，清代还出现了以海瑞办案为线索的公案小说《海公大红袍》和《海公小红袍》，与写包公断案的《龙图公案》《三侠五义》齐名。在近代史上，海瑞更因批判《海瑞罢官》而天下闻名、妇孺皆知。

海瑞曾经在严州淳安当过一任知县，严州民间有许多关于他的故事流传。

海瑞（1514—1587），字汝贤，号刚峰，明代广东琼山（今海南省海口市）人。有记载说海瑞是黎族人。海瑞自幼家族失和，孤儿寡母备受排挤，但读书用功。嘉靖二十八年（1549）乡试中举人，后两次会试均不第。在此期间，他写过一篇《严师教诫》的自勉文章。

海瑞像

文中的"严师"不是指人家对他的教训，而是说自己要做自己的严师。海瑞在文章中说，有一天我的灵魂来到我的身体面前进行告诫，人生于天地之间，应该不辜负这一生才行。当官之后，得到金钱美女都是很容易的，你对此能够做到毫不动心吗？面对扰扰攘攘、物欲横流的花花世界，你能抵挡得住诱惑吗？处世立身，最难的不是缺少金钱，而是要有好的品行。坏的行为，只要沾上一件，那就既亏待了自己的身体，又辱没了列祖列宗，不如速死！

这篇进入官场之前写的文章，成为海瑞为人处世的座右铭，一生以此为戒。

嘉靖三十四年（1555），海瑞四十一岁时，才由礼部选调，任福建省南平县（今南平市）教谕。嘉靖三十七年（1558）五月，四十五岁的海瑞升任严州府淳安县知县。

淳安地处浙西山区，与皖南接壤，山多地少，无地者十分贫瘠。加之赋税负担不均，富豪占地数百亩，而不出毫厘之税；贫者无一粒之收，虚出百十亩之差。徭役也十分繁重，每丁少者出银一两二，多者十几两，贫户人家不堪压榨，纷纷逃亡，使得山区乡村更加冷清、落后。海瑞上任之年，正遇上严重的自然灾害，许多贫苦农民缺粮挨饿，却仍要负担繁重的虚税。

他一上任就注意调查研究，察访民情，了解到当地还是按照开国初期洪武年间定下的份额交税，时间已经过去二百多年，户籍和田亩都发生了巨大的变化，很多土地已被人侵占，而贫苦百姓还要按照原有土地交税，造成了"富户享三四百亩之产，而户无分厘之税；贫者无一粒之收，虚出百十亩税差。不均之事，莫若于此"的不合理局面。百姓困苦不堪，不得不逃亡。海瑞认为造成这一局面的原因"皆虚税所压为之"。

为了使流民回到家园，恢复生产，海瑞发布告示，招抚灾民，向灾民保证，一定要重新"丈量田山，必有一亩收成者，方兴一亩差税，无则除豁。自此以后，无赔贴，无虚粮钱，尔等可回还原籍，赴县告查迷占产业，取赎男女"。根据当年的《鱼鳞册》，按户查实，掌握了实际情况，按土地多少分摊赋税；并按每户占

海瑞祠

地数量和贫富情况确定承担徭役的多少，谓之"均徭"。没有田地的灾民，允许他们去开荒种田，由官府发放耕牛和种子，"凡尔新回之人，给予执照，待三年之后，生理充足，然后派尔等本身身役"。海瑞采取种种务实的措施，招抚流民，发展生产，安定社会，很快扭转了局面。

在抓生产的同时，他又着手整顿吏治，制定《兴革条例》三十六条，裁革冗费、冗役。条例公布后，他以身作则，带头执行，首先废除了知县的"常例"，不拿常例钱，也不向上司孝敬常例钱。明朝官员的俸禄很低，没有常例钱的收入，要维持一家人的生活就很困难。海瑞"布袍脱粟，令老仆荒蔬自给"，和仆人一起垦荒种粮，养鸡种菜，还叫家童上山拾柴，一家人过着粗茶淡饭的艰苦生活，"俸薪之外无所取"，每年只有在老母生日那天，才破例买两斤猪肉改善一下生活。海瑞买肉成了当时的大新闻："总督胡宗宪尝语人曰：'昨闻海令为母寿，市肉二斤矣。'"（《明史·海瑞传》）连浙江总督胡宗宪都知道了。史书记载，海瑞在淳安任上，"自江水外，无关淳安者"。

海瑞不仅对自己要求很严，也对下属严格约束，严禁收受各种财物，以期形成一个清正廉洁的良好氛围。他在写给一个朋友的信中说："职掌所到，有不洁人可洁己者哉！"

他要求副手县丞，不能"未入官门，先营家计，爵禄贿赂，夺魄动心"，对于其他僚属也一一做了告诫。

在淳安任职的四年时间里，海瑞曾两次按例进京述职。按惯例，可以从里甲、杂项中摊派费用，少则四五百两，多则上千两，以备进京馈送京官，上下打点。海瑞两次进京，连一个子儿也没有送，除了来回川资四十八两银子以外，其他一律裁革。

通过革除这些繁杂的苛捐杂税，全县每人每年的杂项摊派从五两减少到五钱，大大地减轻了百姓的负担。后来，海瑞把在淳安任上的施政措施汇编成《淳安政事》一书。

淳安县在钱塘江的干流上，下游是省城杭州，上游是名城徽州，过往官员很多，都需要接待。按照当时通行的接待规格，一般县处级官员需驿费（招待费）二三十两银子，折合当今人民币七八千元；如果是督抚等省部级官员则需银三四百两，折合当今人民币将近十万元。而当时官府并无这项经费预算，所有费用最后都由当地百姓承担。海瑞上任之前，淳安县每年的驿费开支高达一万二千多两，成为百姓一项沉重的负担。

海瑞到任后，调整了接待标准，一般官员过境的接待费为五六钱银子，如果是督抚的属员，则增加二钱。坚持按规定接待，并且按规定收取费用，决不允许白吃白拿，因此得罪了许多权贵，最有名的是胡宗宪和鄢懋卿。

就在海瑞出任淳安知县的当年，浙江总督胡宗宪的公子路过淳安，要求地方上接待，而且接待的标准很高，必须按照一二百两的规格（略低于巡抚）接待。府县长官不仅要出面宴请、出城迎送，还要孝敬数目可观的银两。

胡公子到了淳安，知县海瑞没有迎接款待，只是由驿丞以五六钱银子的规格接待他。胡公子见小小的淳安县如此"不懂礼数"，不由得老羞成怒，吩咐手下将驿丞倒吊起来。海瑞闻讯，派了衙役把胡公子抓了起来，派人押送到杭州，并写信给胡宗宪，说此人冒充官亲，胡作非为，败坏总督的名声，现将其押上，请大人发落。弄得胡宗宪哭笑不得，只能自认倒霉。

胡宗宪时任浙江总督，官声也还是不错的，但似乎教子不严，以致闹出这样的笑话来。

两年后，巡盐御史鄢懋卿奉旨巡察江浙盐政，要来淳安。《明史·海瑞传》记载："都御史鄢懋卿行部过，供具甚薄，（瑞）抗言邑小不足容车马，懋卿恚甚。然素闻瑞名，为敛威去。"

鄢懋卿乃严嵩死党，时任左副都御史，总管江浙盐政，出任巡盐御史，打着代天巡视的幌子，权势熏天，地方官吏争相趋奉，唯恐招待不周。鄢懋卿偏要装模作样，行前发出公文，标榜节俭，说自己"素性俭朴，不喜承迎"。这恰好给海瑞提供了一个口实，他顺势给鄢懋卿送去禀帖，说鄢大人你一路巡视，为国为民，十分辛劳，传闻地方官员接待十分奢华，连溺器都是银的；各处皆置办酒席，每席费银三四百两。如果是这样的话，大人怎么能够秉公办事，岂不有负皇上的重托？我认为这不符合大人你"素性俭朴"的作风，所以绝不相信。

鄢懋卿接到这样的禀帖，十分恼怒，但是海瑞所言义正词严，句句在理，鄢不好发作，只能忍下这口气，灰溜溜地绕道而去，没有进入淳安，为淳安百姓省下了一大笔费用。

当然，鄢懋卿是个无耻小人，他到淳安碰了一鼻子灰，是不会咽下这口气的。后来海瑞升任嘉兴府通判时，他唆使同党弹劾海瑞，将海瑞贬谪江西兴国知县。

淳安山多地少，历来缺粮，一到灾年更是严重，但山区有许多植物的根茎和果实可以代替粮食。海瑞是海南人，也是贫苦出身，对那些可以食用的植物十分熟悉，他编了一本《救荒本草》的书，将可以代替粮食的植物画出来，并用文字说明其习性和加工、食用的方法，例如葛根、蕨跟、绿葱根、布谷柴子和蕨芽、松花、板栗等等，这些植物的采集和食用方法一直流传至今，每到荒年都发挥巨大的作用，救了许多人的命，海青天绝没有料到他发明的方法几百年后还能派上用场。

在淳安，海瑞除了均平赋税、发展生产以外，还十分注意司法公平。他重视刑狱审案，注重调查研究，重证据，重事实，绝不冤枉一个好人。审理案子，他都亲临现场，听取各方意见，据实判决，百姓皆称其为神。由于海瑞判案神明，名声远扬，人皆称其为"海青天"，甚至连邻县的一些疑难大案也来请他协助破案。淳安民间流传有许多海瑞断案的故事，经后人整理，编成《海公大红袍全传》和《海公小红袍全传》的公案小说，在民间十分流行。

海瑞一身正气，"直声震天下"，最看不惯欺压良善、为官不公之事。在淳安，目睹"剥人以媚人，多科而厚费使之，可为民忿，可为民慨之事，日临于目，日闻于耳""不平之气，愤然生矣"（海瑞《政事录序》）。他下决心整顿吏治，改革制度，以身作则，带头执行，改变了淳安的面貌。在淳安政绩卓著，有口皆碑，"播越流离，民罔攸底，于是溥怀徕之惠；蠲负逋，申播告，而逃亡有所定。告讦纷争，民罗刑宪，于是宏钦恤之仁；轻箠扑，减纸牍，而冤蠢有所控"（徐廷绶《海刚峰先生去思碑记》）。

自嘉靖三十七年（1558）至四十一年（1662），海瑞在淳安任上四年零两个月，清廉自守的高尚品德，爱民如子的慈悲情怀，使他赢得了淳安百姓的爱戴。海瑞离任后，淳安县民集资建"去思碑"纪念，县人徐廷绶写下了《海刚峰先生去思碑记》。淳安百姓尊称他为"海老爷"，将他的祠堂建在县衙对面的江南岸，以便随时监督在任的县官，不能做贪赃枉法的坏事。1960年，新安江水电站建成发电后，淳安老县城沉入水底，人们在新城排岭（现名千岛湖镇）重建了海瑞祠，祠内陈列着许多有关海瑞的文物，供游人参观、瞻仰。2008年11月，淳安海瑞纪念馆被列为浙江省廉政文化教育基地，成为海内外游客的必到之处。

（撰文：朱睦卿）

倾力改造县学的知府周望

　　周望，字道见，广东东莞人，嘉靖四十三年 (1564) 由工部郎中任严州知府。周望为人朴实勤慎，为政忠信廉白，在严州任上，最值得称道的是重视文化教育事业。

位于建德市第二人民医院内的建德县儒学旧址

建德县儒学，创始于南宋。嘉定八年(1215)，知县张德一利用卷书堂旧基，建造大成殿，其地址即总府后街的梯云楼，也即民国时的中山厅。此处地近水府门，秀山在其后，半月塘在其东，隔水府门小溪，就是城隍庙的一片古老樟树，地势偏低而潮湿甚重。从宋到明代嘉靖时，二百多年来，历代州守虽加修葺，但是由于经费难以筹措，也只能稍加整治而已。学校环境差，影响生员学习。

周望到县儒学视察学舍环境，接见师生，听取意见，当场表态说：这样的地方，确实不可继续办学，应予改革。可是，要找一个高爽宜人并能容纳多座殿堂庑阁的大规模的建筑群的地方，确有难处。过了年把时间，在与推官陆树德共同努力下，得到热心办学的耆老们的帮助，才在城东建安山西南脚，获得一大片土地。这里地理形势很好，"龙山、马目，拱揖迎峙，歙、婺二江，逦迤合流，丽谯直其左，澄湖横前"，周望与同僚赞赏这块风水宝地，决定迁建学校于此。这时，适逢考察政事的分守参政江珍，来到严州，周望即把移建县儒学的事情，做了汇报，江珍也极为赞赏，取得一致意见后，遂向总督都御史、巡按御史、督学副使、分巡佥事等呈报，获得支持。行政手续办完，紧接着就是筹措资金，周望自己带头捐俸，吏员们亦随之掏出俸银，又从国库杂税收入中可以动用的，划拨部分，用以迁址办学。士民、县绅知道迁建县儒学这件大事，已付诸实施，非常高兴，有钱出钱，有力助力，古城洋溢着一片办学的热情。周望见诸事已备，乃择吉日开工，用时一年，至隆庆元年(1567)六月，先师庙落成，知府与全校师生，舍菜（古礼，凡始设学校，落成后，必择吉日，设奠于孔圣先师位前，宰牛捶羊，设荐馔酌以祭者，叫作释奠，无牛羊的叫作舍菜）以告。是年秋，建德戴震亨乡试中举，大家都说，这是新学校的风水灵气护佑。周望也升任行人、太仆少卿，离严赴京。

隆庆二年(1568)四月，戈九畴来守严州，继续筹钱续建，在已建就的大成殿、两庑、戟门、棂星门、启圣祠、文昌祠、乡贤祠、泮池等建筑基础上，增建了明伦堂、尊经阁、教官衙宇、生员号舍等设施，并拓宽学前路，在路口竖立仰圣牌坊，在东湖上架"青云桥"，以寓直上青云之意。

建安山麓的县学，周望创始，戈九畴继之，先后用时四年多，共花钱九千四百缗。父母官对助力建学的黎民百姓，皆予表扬，对贡献大者如朱沐、马轸两人，荣赠相应等级的官员礼服，并将其名刻于碑石。

周望知府裁减严州驿站冗役一事，足见其廉白。驿站始置于汉，唐亦设之，杜牧有《月明泊舟对驿》诗云："更深不假烛，月朗自明船。金刹青枫外，朱楼白水边。城乌啼眇眇，野鹭宿娟娟。皓首江湖客，钩帘独未眠。"严州地处三江口，水陆要道，设驿较多，然"其来尘轶，其去水空"，既送官司文书，亦有忙于寄物，诗云"一骑红尘妃子笑，无人知是荔枝来"，诗虽唐音，也可想见后世之驿冗杂事务之多。明嘉靖年间严州有多少驿站，地方志书无记载，但人员庞杂，官吃空缺，国库徒耗钱帑，驿站贪贿公行，事存亦非一日。周望察得前因后果，极力改革，裁撤浮官冗员，节省供应虚费，"三年之间，积金七千五百余两"，这笔钱，周望完全可以作为"羡余"收入，但他却"悉归国库"，用作民生。后来江山县筑城资金不足，借去一部分，另外一部分钱，则用于遂安县城改筑经费。

周望于隆庆初卸任严州，升行人、太仆少卿。严州府官民共同出资出力，在府学大成殿后，建"明太守周公祠"以纪念和供奉他。

（撰文：罗嘉许）

耿直勤政的李台

寿昌溪南默山东麓，清澈的清潭溪自南向北绕村而过，那里有李姓村落叫溪南（今建德市寿昌镇河南里村）。村之东建有梨山祖庙，祀唐刺史李频。村中居住的李氏家族，与李村李氏同为

李台故里寿昌镇河南里村（戴荣芳 摄）

李频后裔。而护社稷以律法治政的李台，即为李频后裔中杰出的一位。

李台（1524—1579），字国佐，号文冈，早年攻读于默山书院。明嘉靖三十四年（1555）中举，四十一年（1562）登进士第。初任汉阳（今湖北武汉）司理参军，主管狱讼刑罚。李台深知狱事公否，关乎民生，关乎社稷，秉公理案当为职责所在。其父李鳌任皋平知县，平素常常教导李台为人处世与善孝之道，以及不私、明理、遇事奉公为先之理。

汉阳乃长江重镇，军事要塞，水路通衢，人杂事乱。地方恶势纠集市口码头，欺行霸市，滥收强取，更有劫财越货，趁机鱼肉百姓，致使百姓怨声载道。李台身为司理参军，更有秉公执法之责。他处事公正，敢为民请命，不冤枉好人，不庇护坏人，使汉阳始终保持清正公平的政治生态。时有藩王以势压人，横征暴敛，百姓苦不堪言。李台刚正不阿、不惧权贵，宁丢乌纱帽也不向权贵妥协。他书谏藩王减赋，迫使汉阳赋税减半，苛捐杂税清除。藩王唆使地方黑恶势力发难，还以棍棒相逼，李台只身立于衙门，冷目以对，威严之势吓退地方恶势。李台为官不谋私，为民理事讲大公，故受汉阳百姓爱戴，藩王也奈何他不得。李台不畏权贵，敢斗地方恶势力，对百姓十分亲和。其时有一名叫萧良有的人，虽家境贫寒，但才华出众，李台对其十分赏识，并授以诗文。后来萧良有中举，在知县任上效仿恩师为政清廉、公而忘私，人夸李台慧眼识珠。

李台因耿直清廉而名扬朝政，嘉靖四十三年（1564），被朝廷授予工部给事中。此官职虽不高，但权力颇大，不仅负责稽核工部事务，还有"侍从规谏、补阙拾遗"的职责。李台官微权重，任上办事铁面无私，查办违法案事，慷慨以理论之，以法律处置，从不避畏权贵。

隆庆元年（1567），李台以刚正不阿的风范，升任福建布政司右参议，不久升陕西副使道。陕西干旱缺水，李台刚一上任即着手筑堤蓄水。在李台到任之前，原有的引洪堰坝堤防久废，河道遇雨则洪，无雨则成干涸泥路，良田无收，百姓饮水无着。李台实地踏勘了百里河床中堰坝与两岸堤防，发现河堤泥石相间、坝底不涸，遇洪水灌涌时有发生，且不能久蓄水源，因此雨过河床失水较快。李台详细推演后，即制订修堤固坝计划，并分段落实责任到乡村，亲督畚锤，河堤很快修竣。洪堰竣工，堤固水满，农田得以灌溉，百姓自此受益，出现前所未有的丰收景象。

万历二年(1574)，李台补任江西宪副，转迁福建藩政，随后又升任贵州按察使。贵州乃多民族地域，社情较为复杂，土司藩政为固实统治地位拉拢贿赂地方官员。李台刚到任，贵州土司禄氏借接待为名，设宴款待，尽是山珍野味、美酒琼浆。李台假称路途劳顿体有不适，未赴宴谢别离去。土司禄氏原想找靠山掩盖恶行，李台不赴宴，使他心中惊慌，于是趁夜色送万两黄金至李台官邸，李台不仅不收禄氏贿赂，且以贿赂官府之罪名把禄氏给拘了。

土司本是野蛮之族，遇事粗暴不讲情理，听说禄氏被官府拘押，也不分个情由，集族人围堵按察使衙门。李台胸有成竹，早有防备，要借禄氏送万两黄金之事，揭露其险恶嘴脸。原来李台查明禄氏行踪，他行贿黄金是按户搜刮而来，对此族人痛恨于心。李台当众指出禄氏所送黄金，高声疾喊：此乃禄氏入夜送我之黄金，这是禄氏从你等手中搜刮而来，我收而代禄氏奉还诸乡亲。

族人见李台是个为民作主的清官，感恩间各自取金返回。禄氏本痛恨李台不识抬举，欲再使计谋拉其下水。而今见李台还给自己颜面，从此再无恶念，常领族人遵纪守法，共建边陲繁华，共守中华疆土。

万历七年(1579)九月十九日，李台因辛劳过度，逝于任上。临终心气未泯，与僚友言道："吾以身致朝廷，即死何憾！"僚友洒泪以文哭祭，其有"忠贞在朝廷，循良在郡省"之句，高度概括了李台的一生。李台颖异多智，耿直清廉，有《文冈集》《掖垣疏略》等著作留于世。

（撰文：戴荣芳）

吴㧑谦造福一方

　　吴㧑谦，字汝亨，号文台，江西省抚州临川县人。明朝隆庆五年（1571）进士，严州府遂安县知县。遂安县历史悠久，东汉建安十三年（208）建县，县名"新定"；晋太康元年（280），改新定县为遂安县。唐朝武德四年（621），遂安县治迁至五狮山南麓，故县城称为狮城。

　　吴㧑谦在遂安县任职期间察访民情，待人热情，从来不摆官架子。他不辞辛苦，四处走访当地的知名人士。当时遂安名望最

古城狮城旧影

大的要数余乾亨和乾贞两兄弟。余乾亨，字嘉仲，七岁能诗，嘉靖二十五年（1546）中进士，任常德府龙阳县令（今湖南省常德市汉寿县），清正廉明，不受贿赂。龙阳县在洞庭湖畔，经常遭受洪涝灾害，余乾亨筑横堤二百丈，永绝水患，得到百姓的称赞。后来调到蓟州丰润县（今河北省唐山市丰润区），修缮城池，增兵护城，积粮以备荒，民赖以安。皇庄侵占百姓农田，余乾亨严谨清廉，维护百姓利益，不畏权势，重新丈量田地，查实后将田地归还于民。遭到皇亲贵族的诬告弹劾，海瑞为余乾亨申冤无果。余乾亨罢官归田，筑室璜溪，吟咏诗词。吴㧑谦非常器重余乾亨的人品，聘请他编修《遂安县志》。

狮城创建于明朝洪武初年（1368），婺峰环其前，五狮拥其后，故称狮城。由于狮城年久失修，坍塌严重。时逢倭寇侵犯福建、浙江等地，骚乱严重。嘉靖三十四年（1555）七月，倭寇六七十人，由昌化入淳安境内掳掠，遂安百姓整日惶恐不安。为了保障人生和财产安全，修筑狮城势在必行。吴㧑谦尽心尽职，不负众望，把修筑狮城的方案上报抚台衙门，很快得到批准。由严州府拨银五千余两，以每亩征银七厘以补充修城不足部分，并招募民工四万余人从事筑城。于万历二年（1574）十一月八日开始动工。在旧址基础上拓北郭，包山临崖，外砌方石。大家齐心协力，历时三个月竣工。城周七百七十八丈，高二丈四尺，有五座城门，东曰兴文，西曰靖武，南曰向明，北曰拱极，靖武迤南为小西门，以便农民出城种粮收割。可见吴执谦有勤政爱民之心，深得当地父老乡亲的爱戴。并续修县署，在谯楼东建亲贤馆。因遂安地处偏僻，布政司官吏下来督察很不方便。宣德年间，特在遂安县设置布政分司，以督察吏治。吴执谦在布政分司后面建内省亭。

万历年间，南缮部郎官方应时在遂安十六都貂山荒草中，找到章元礼为自己写墓志铭碑。1279 年忽必烈灭掉南宋，下诏广招亡宋人才，为元朝廷所用，章元礼名列其中。章元礼，号芷庵，遂安十六都貂山人，性忠孝。宋度宗咸淳间，章元礼三荐监闱，一举进士，慷慨负荷，常怀报国之志。以为祖母守孝为由，决不仕元。并在大门上贴楹联"旧时科目中儒户，今日山林下逸民"以明志。元朝皇帝忽必烈派遣钦差私访，如果发现不是为祖母守孝，以抗旨论处。钦差到遂安十六都貂山后，见章元礼在祖母坟旁筑庐而居，披麻戴孝，日夜守孝在祖母坟前。钦差用刀割开章元礼的鞋底，未见一丝青布。钦差回朝向忽必烈禀报此事。忽必烈叹道："真孝子也，百善孝为先，有孝才有忠！"章元礼七十二岁，在浯溪山麓为自己修建了墓穴，在墓碑上写"元真山人"，并自撰墓志铭，只写干支纪年，不写元朝的年号。每日诵《离骚》而泣，或吹铁笛以遣忧，叹息涕零而终。

方应时，字以中，遂安十六都人。锐志潜修紫阳之学。任长泰县令，重修文公祠，兴办书院，弘扬朱熹理学。调到广东端州肇庆任县丞时，防江缉盗有奇绩，朝廷赐金旌表之，升南缮部郎官，因劳累过度，告病而归。与方世义等捐田四十亩，以田租供"三先生祠"祭祀。方应时拜读章元礼墓志铭后，非常钦佩和感动，将此事禀告了当时遂安县令吴扬谦，吴扬谦遂将章元礼的忠孝节义的事迹记载到《遂安县志》里，并上疏朝廷，皇帝御赐"忠孝堂"匾额。章氏族人以章元礼精忠报国、孝敬至亲为楷模，以"忠孝"箴劝后世。

吴扬谦非常重视教育，扩建学宫（文庙），创建狮山书院，由此成为绵然不绝的人才培养基地。遂安学宫又称孔庙，创建于宋嘉祐年间。元丰三年（1080），通判刘士彦来遂安监征廨舍建学，知县欧阳复重建学宫以祀孔子。明朝天顺三年（1459），知

位于淳安县姜家镇的新建狮城——文渊狮城

县县成礼重建大成殿，筑泮池桥栏，竖"棂星门"牌坊，置师生号舍。隆庆四年（1570），知县周恪见泮池低洼狭小，改迁文庙前，拓地凿泮池，并护以石栏，引东水西注于池，筑青云楼于池东。隆庆六年（1572），知县吴扮谦谒文庙，见学宫残破不堪，慨然叹道："一亩之宫，数仞之墙，使弊于我土地，吾耻之。"于是带头捐俸禄倡议修建学宫，当地官绅乡民也纷纷捐款，由余一正、蒋应忠负责修建庙庑及尊经阁，重建启圣祠，又在泮池左右开辟道路。竣工之日，吴扮谦大喜过望地说："文运肇兴，其在是矣。"陕西监察御史詹理为此作《吴侯重修文庙记》。

南宋签枢密院事兼参政事詹大方故宅有座状元台，由巨石垒成，高三丈，水池分列两旁。淳熙二年（1175），詹大方的从孙（即木人亲兄弟的孙子）詹骙廷试中状元，授龙图阁学士，出任定国府知府，故称状元台。明朝嘉靖年间，遂安知县钱籍重修，并建亭其上。前峙婆山，后则五狮诸峰。吴扮谦在此创建狮山书院，并置学田二十九亩三分一厘九毫，收田租资助贫寒学子，得到遂安百姓的交口称赞。到万历三十九年（1611），知县韩晟将其改为五狮书院。

万历四年（1576），吴扮谦在无碍寺设遂安县志编纂局，聘请余乾亨等纂修《遂安县志》，而以蒋时庆、胡汉、汪时和、余一龙等互相讨论纂辑，志稿完成后，吴扮谦和余乾亨分别作序。万历五年（1577），吴扮谦升为南京工部主事，离开遂安县。吴扜谦为遂安人民做了这么多的善事，政绩斐然，名垂后世。陕西监察御史詹理在《吴侯去思记》里称赞吴扜谦"表先贤，以崇德；创书院，以明学；定宗礼，以联族；习宾射，以敦让；查飞诡，以正籍；严条纲，以均惠；建义仓，以裕用"。这对吴扜谦来说，绝非溢美之词。

（撰文：汪建春）

清白尽职的粮储道胡同文

明嘉靖年间（1522—1566）的某一年春天，寿昌县儒学来了一位小年轻，他是寿昌县西胡村（今胡村源）人，姓胡，名同文，字子尚。这一年，他还不到十五岁，虽然年纪小，可他那双炯炯

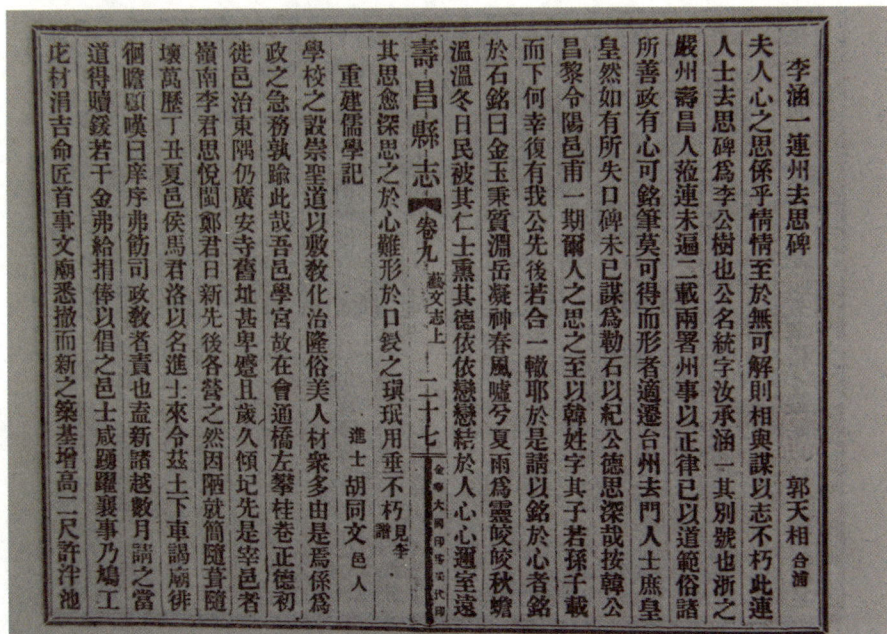

胡同文《重建儒学记》

有神的眼睛，却在告诉人们，他是个不俗之人。

这个人的到来，引起了一位兄长的注意。这位兄长叫李台，字国佐，寿昌溪南（今河南里）人。这一年，李台已经快三十岁了。

李台参加过多次科考，因种种原因，都没有中第，心中一直闷闷不乐。胡同文与李台很快就成了莫逆之交，常常一起晨读，一起夜习，空了，还一起出游。寿昌西湖是他们去得最多的地方。

一天，两人坐在西湖桥上，聊得很欢。胡同文说，兄长文采斐然，志存高远，他日必成栋梁。李台说，贤弟才思过人，为人端庄，前途不可限量。两人还击掌为誓：若他日能蟾宫折桂，定要为国为民多分忧，切不可有半点私心。

第二年，李台高中进士。又三年，胡同文也中进士。

胡同文在京城所任的第一个官职，是刑部郎中，从事全国刑罚、政令及审核刑名的管理工作，官阶是从五品。一般情况下，刚中进士，都从地方官做起，也就是七品或从七品。胡同文的起步就是从五品，可见从一开始朝廷对他的人品和能力就非常肯定。

胡同文也没辜负朝廷的信任，他在刑部郎中这个岗位上，做得有条不紊，嘉靖帝朱厚熜对这位来自南方的年轻人也是十分认可。

朱厚熜十五岁登基，根基不深，政权不稳。成年后，励精图治，志在社稷。但其兄正德帝留给他的是一个弊政颇多的天下。尤其是南方的浙江、江西、福建等省，土地兼并现象愈演愈烈，社会矛盾尖锐。嘉靖帝决定启用一批年轻有为的官员，革除弊政。

政治上，他任用张璁、夏言等贤臣，整顿朝纲；经济上，他严惩贪赃枉法之徒，勘查皇庄和勋戚庄园，还田于民。他还派出大量既有才能又清正廉明的官员到地方工作，决心从上到下，进行一番彻底的革新。

胡同文就是被嘉靖帝派往地方任职的年轻官员之一。胡同文下派的地方是江西。

明朝，江西先后封有三个藩王，分别是宁献王（南昌一带）、淮靖王（鄱阳一带）和益端王（南城一带），他们身为皇亲国戚，仗势欺压百姓，"强夺田宅子女，养群盗劫财江湖间，有司不敢问"（《明史·诸王传》），百姓有苦无处诉，有冤无处申。后虽经张居正等一批正直的政治家的整治，社会问题得到了解决，但一个曾经富甲两宋的江西，已经往日不再，土地、经济等问题积重难返。胡同文就是在这种社会背景之下，来到江西的。

他到江西的首站是瑞州（今江西高安县），职衔是清吏司员外郎，职责是代刑部理案，职阶是从五品。也就是说，这个时候的胡同文，与他在刑部所做的工作大致相同，只是一个在中央，一个在地方。

瑞州位于江西省南昌府以西，是江西的粮仓之一，历来为江右名郡。正因为是个产粮大州，长期以来，都被那些贪腐之徒所垂涎，也因为如此，社会矛盾也是错综复杂。

胡同文上任伊始，首先碰到的是如山般的积案。他没有和他的前任那样，采取回避的态度，而是静下心来，一桩桩一件件，从头理起，该处理的处理，该驳回的驳回，该上报的上报。遇到疑案，必亲自走访，非弄个水落石出不可。很快，一方治安，得以安宁。然而，这也得罪了少数既得利益者。他们扬言，要让胡同文走着进来，躺着出去。甚至有人还把带血的尖刀，投进瑞州府的大堂。胡同文没有畏惧，他沉着应对，大胆出手，先后捉拿了几名要犯，惩治了一批民愤极大的官员，然后通告全州：凡目无王法、胡作非为者，及早投案自首，可从轻发落；若继续作恶，

李台、胡同文相聚于会通桥雕塑（戴荣芳 摄）

将严惩不贷。如此一来，社会面貌，焕然一新。

果敢如此，胡同文一时名声大振，很快就被朝廷提拔为兵备南瑞道。兵备南瑞道，即设在南方瑞州的兵备道，它的正式名字叫整饬兵备道。明朝时，在边疆及各省要冲地区，都设置了整饬兵备道，主要负责辖区内的军务，监督地方军队，管理地方兵马、钱粮和屯田，维持地方治安等。官阶是正四品。这个时候的胡同文，已经从刑部工作，慢慢向军事、经济工作转移。很显然，他的责任更大，担子更重了。但胡同文以他非凡的毅力、卓越的才干，照样把这一摊子工作做得有板有眼，丝毫没有乱麻之感。

胡同文的政绩越发突出，嘉靖帝对他也越加器重。

江西的土地、粮食等问题，历来是个老大难问题，几代帝王都曾着力进行过整治，但都没有达到想要的目标。如今有胡同文这样的人才，何不干脆把江西一省的粮道，全部交给他？于是，一道圣旨下来，胡同文又被任命为江西粮储道，全权负责江西全省的粮食储运等事务。

在中国古代，粮食是国家的命脉，粮储道这个职位，虽然官阶不高，但却相当重要，同时也是一个"肥差"。面对这道圣旨，胡同文日夜忧思，所忧者，怕辜负朝廷的信任；所思者，将如何清清白白地做好这项工作。他想起了当年与李台在西湖桥上的誓言：一定要为国为民多做好事、实事。他厘清思绪，坚定自信地走马上任去了。

江西是个粮食大省，每年向国家交纳的漕粮份额，就位居全国第二，仅次于浙江。所以，有明一代，在江西粮储道这个位置上，不知养肥了多少官员。胡同文的上任，也曾让不少人为之眼红。

粮储道的职责是替国家、替朝廷管好一省之粮食，其中的一项重要工作，就是合理、有序地为国家征粮，然后统筹把这些皇粮运往京城，运往边疆，运往国家需要的地方去。

江西的皇粮，基本是通过鄱阳湖、长江，先运到南京，然后再通过运河运到京城。这就是漕运。为维持漕运，国家规定，一般情况下，漕粮是不能减免的，也不能以其他种类的粮食替代正粮，只许在重灾等情况下，才实行部分的改折（以其他粮食替代正粮）。但各级官府为了贪污聚敛，往往把改折的比例加码（通常为正粮的二三倍，甚至四五倍），这不仅加重了农民的负担，也为贪腐留下了巨大的空间。胡同文任江西粮储道后，每年都要亲自到各地察看粮食生产情况，包括灾情，严格按照朝廷的要求，做好减免、改折等工作。他不仅自己廉洁奉公，也不给任何官府的贪腐留有机会。

常年工作在江西粮储道任上的胡同文，始终没有忘记兄长、好友李台，他们之间经常以通信的方式，交流思想和工作心得。当时间来到万历七年（1579）某一天，突然噩耗传来，李台逝于贵州按察使任上。悲痛万分的胡同文，遂提笔为李台作墓志铭，称赞他"忠贞在朝廷，循良在郡省"。此文收录在他的《松麓文集》中。

宦海几十年，胡同文没有收取哪怕只是一丁点的不义之财，他只获得了"清清白白"四个字，除此之外，就是那部记录他一生思想及游踪的《松麓文集》。

明万历二十六年（1598），胡同文在家乡去世，享年六十岁，葬寿昌县西砚岭背。

（撰文：沈伟富）

堪比范仲淹的陈文焕

　　陈文焕，字汝昭，临川人，由监察御史来任严州知府。其操守坚正，恩惠并茂，礼让于饱学之士，谦挹于宿德之君，每遇大祭，必敬沐斋宿于所，一切仪品，都亲自检点料理，礼让亲睦孝弟之风遍布，治下遂奸邪隐迹、腐蠹潜形。

　　为彰显大德贤良，鼓励生员学子，陈文焕先后在州城建立多处牌坊，万历三年 (1575) 建攀龙附凤坊，四年建礼门坊、义路坊，五年 (1577) 建进士坊。清时俊彦坊则是为隆庆庚午 (1570) 举人毛一瓒、王尚廉、陈湝、蒋时庆、方应时，万历癸酉 (1573) 举人徐汝达、柳凤梧、余炶、徐鸣阳、蒋思正立。这些举人都是有作为者，如柳凤梧，字子高，中举后授松滋县令，任中因母丧而归故里服丧，期满复起，补弋阳知县。弋阳，乃通衢孔道，迎来送往，花费甚多，柳凤梧极力节省供奉费用，而那些吃喝挪用惯了的上级官僚，大为不满，将柳凤梧贬谪为广东盐课提举。明代，广东之地商市尚无完善规制，柳凤梧为之议定通商惠民条款，地方百姓大受其益。不久，转善化知县，惜乎尚未到任而卒。

柳凤梧为严州人柳本泰之子，柳本泰乃嘉靖四年(1525)举人，中举后，授上高知县，清廉有为，曾剪除当地大盗，民得以安。任职七年，退休归乡时，行李寥寥无几，令里人由衷敬佩。柳本泰居坊里时，恂恂然有古人之风。陈文焕对其非常敬重，西湖修竣后，请他作记。西湖始辟于唐，历代修浚，至元代则已荒废，有明以来，虽几度整修，然堤坏水走，湖亦非湖矣！

万历二年(1574)春夏，暴雨连绵，乌龙山万壑争流，冲激奔泻，直下西湖，导致坝坍堤毁，水失灵鲥，荒滩草长！湖池的作用，不仅利于农田灌溉，更有供百姓饮用之需。由于州城位于乌龙山南麓，地势高昂，秋冬涧流水枯，饮用则要取之于城外江河，水价则涨，于是就产生"新水价"，增加了百姓负担。因此，重修西湖成为利于民生的急迫之举。陈文焕与同僚商议，并经咨询地方耆老，呈报上级。上下各级都愿做好此事。巡道金宪王谟，与陈文焕并肩到郊外四处巡察，并说："此邦之巨浸，山川之奥区也，可无作欤？"王谟率先解囊捐金，作为工匠费用。修复西湖，所需经费数额巨大，陈文焕关心民瘼，不募捐于绅民，免增民负，遂把浚湖筑堤所需的竹、木、铁、石，甚至黄土之类，皆取之于公家的遗利；不烦徒役之苦，而自己与同知、推官几同僚，分头计日到工地上检查督促，发现并解决工程进展中的各种问题。堤坝筑好后，又添植柽柳，内外护堤以保长久牢固。湖竣，礼聘柳本泰为之记，柳本泰敬佩陈文焕为郡政简而身劳，每至暇日，即自带干粮冷粥，单车巡行四郊，以劝农耕，而整修西湖之举，更见其仁德，于是走笔而书，西湖之迹仰《严州府重修西湖记》而存焉。

　　为进一步培养国士，陈文焕选拔六县学业优良的生员，予以重点培养。在乌龙山南麓，建造龙山书院，淳安蜀阜人徐楚为之记。

梅城镇西湖

徐楚，字世望，以进士授工部主事，官至山东兵备道副使，为人明敏果敢。其在辰州时，有土豪蒋某与石氏争田，杀石氏数十人，官吏不敢问，徐楚查明此事，将蒋某问罪法办。徐楚与陈文焕相知甚深，陈家三个儿子，都是徐楚入门弟子，故建龙山书院时，郡人奔走三百里，请徐楚为之作记。徐楚在《龙山书院记》中写道："度郭外龙山之麓为会文书院以居之，堂楹号舍，楼阁池塘，

龙山书院（方韦 摄）

庖湢垣墙，罔弗周备。"寥寥数语，已见规模。认真办学的陈文焕，亲自到书院讲学，教之思之，定时校考并亲阅试卷，"诸生游泳其中"，以穷理尽性为要，以正心修身为本，朝夕磨砺切磋，"为往圣继绝学，为万世开太平"，陈文焕在严州之地教化之功莫大焉。所以徐楚在《龙山书院记》末赞称："……直声雅望，方以天下为己任，人以是比之文正范公。"

（撰文：罗嘉许）

建桥济渡的吕昌期

吕昌期，溧阳人，进士。万历三十八年 (1610) 由工部郎中出守严州。其为人明敏，为政精勤，剔奸搜弊，百姓得以安居乐业。严州，地处三江汇口，商市繁荣，行旅接踵，交通往来，虽多赖

吕公桥旧址（李恒 摄）

舟楫，然而，桥梁津渡亦为必要设施。州城西南，建昌山麓的道路，系严州去往安徽及淳、遂、寿等地的经行要道，而贴山麓之水口，乃乌龙山西偏诸溪流及东、西两湖余水外泄的入江口，每当山洪暴涨时，山麓浦口的行道就无法通行，水深不可涉，水浅则淤积，淤泥深可没膝甚至半腰，极其危险。吕昌期深知商旅行人跋涉之苦，计划设置舟渡，以此事征询船民、耆老，皆说：此处水浅时，渡船如同岸上，莫说划，推之也难；水大时，江水溪流相互激荡，竟有覆舟之险。舟渡不行，唯一的办法，只有建造石拱桥。为解除百姓疾苦，吕昌期带头捐出薪俸，倡募集资，备足铁木竹石等各种材料，请来工匠，建造桥梁。

建昌山麓一带地理情势特殊，水深淤积，似无底之潭渊，巨石投之如同泥牛入海，一时间技术问题难以解决，于是就传出了这样一个民间故事：

据说，造桥师傅见石块掷一块沉没一块，不见一点痕迹，几天来一直如此，弄得他无计可施。这天早起，来到泥塘边，想不出妙计，站累了，遂抱着头坐在江岸边发呆，时到中午，连当早饭的苞萝馃也没有吃一口。这时来了一个形同叫花子般的人，走到造桥师傅跟前，一把抓起苞萝馃，边走边说：你不吃我吃。造桥师傅这才觉得肚皮咕咕地叫，就站起身来追赶，说道："我午饭还没有吃，还我！"那人把馃一掰两半，每一半的中央，咬掉一口，丢在地上。造桥师傅拾起来一看，两半正像两座拱桥，合起来如同月洞门一般，豁然开朗，高兴地大喊："哦！原来是这样！"有神仙指点，桥就造起来了。这座于万历三十八年建成的桥，是吕昌期带头捐钱，劳心费力造起来的，遂称名为吕公桥。

通衢要道，往往会遇到江河沟壑隔断交通，长沟深壑，可以架桥跨越两岸，而一衣带水，望若天涯，宽阔的江河在过去是难以成桥的，只可设津口，置扁舟以渡。严州州城上下渡口甚多，吕昌期亦顾及津渡，特别是险处的渡口，如乌石渡、紫淇渡。乌石渡在严滩下游，北岸有黑色圆形巨岩一块，突入江中，人称乌石，钱塘江潮水余波到石根而止，紫淇渡亦风大涛急的险处，时有覆舟之患。吕昌期于万历四十年(1612)，捐俸置办船二只，分上下两渡，渡工之责是：遇风救险，闲时则为行客往来摆渡。又购田六亩，请人管理，将田租收入作为渡工工资。

吕昌期带头行善举，推动在府中形成风气，推官陆卿荣也效仿而为之。东关下游有小里渡，平素也是风急涛大，有谚语道："走尽天下路，难过小里渡。"其处却又是通往兰溪、浦江的孔道，陆卿荣捐俸置田五亩二分零、地二亩五分、塘七分二厘零，以租金收入作为渡工工食费用。又捐俸为建昌渡置田三亩二分零、塘六亩七分零，为马目渡置田四亩二分九厘零、塘三分六厘零，并委托当地人掌管，分别收租为两渡工费。为鼓励公益事业，吕昌期又为推官陆卿荣作《义渡记引》，以存其事，文中有云："尝考严有丘驼者，济渡不责值，后证果得仙，遗履化为双鹄，去彼一手一足之力，所济几何？而食报已如斯矣。公设渡十，所置田二十八丘，计岁所脱民鱼腹中不知几何人……其功德奚啻什伯丘驼，天之报施善人，又当何如耶？"

吕昌期离任严州府后，升福建驿传道。严州人将其奉入名宦祠，供人民瞻仰、祭祀。

（撰文：罗嘉许）

忠孝人家出东旻

梅城府前街有座"纯孝格天坊"，又称"作忠资父坊"。该牌坊为河南参政戴启祥和佥都御史戴东旻而建，寄托着广大民众的爱戴之情。该牌坊高大宏伟，雕刻精细，形象逼真，保留最为完整。1960年被列为浙江省三等文物保护单位，可惜后来被毁。

戴东旻的祖父戴震亨，字元吉，建德人。秉性耿直，明隆庆

歙县古城

元年（1567）考中举人，授彭泽县（今江西湖口县）教谕，名声很好。后来调到永新（江西永新县）任知县，辞职归隐，杜门谢客。戴东旻的父亲戴启祥，字警弦，建德县庠补国学生，是本地有名的孝子。父亲戴震亨病逝，戴启祥悲痛欲极。母亲八十六岁与世长辞，戴启祥抚棺哭泣道："儿将母亲丧事办完，即相随母亲于地下矣。"竟致悲哀过度呕血而逝。人们非常钦佩戴启祥的孝心，地方政府逐级将他的事迹呈报朝廷，严州府奉旨为他建立"纯孝格天坊"，并入乡贤祠祭祀。

戴东旻，字日文。万历四十七年（1619）中进士，授歙县知县。歙县之名即取山水翕聚之意。境内峰峦挺拔，峻岭逶迤，丘陵起伏，溪谷纵横，故有"七山一水一分田，一分道路和庄园"之称。歙县山多田少，人烟稠密，严重缺粮。徽州地处亚热带，土地肥沃，气候温和，适宜树木和茶叶的生长，农民生活来源全靠出售木材、茶叶的收入，粮食从外地调入。为了摆脱困境和出售木材、茶叶等土特产品，歙县人不得不离乡背井，远赴他乡，从事商业贸易活动。歙县处于万山之中，交通闭塞，客、货运输主要靠新安江水运。戴东旻勤政爱民，殚精竭虑，为了促进歙县的经济发展，提高人民生活水平，延伸水路运输，开凿谭家桥新河四十里，以便从外地采购的大米运进来及将木材和茶叶运出去销售，扩大木材、茶叶贩运活动。

五魁山位于歙县（徽城）西三里，五魁山西部称为龙王山。

灵山大、小毋碣水汇于龙王潭南入练溪，过浣沙岸，灌溉农田百余顷。万历三十五年（1607）六月，山洪暴发，"冲没田庐，流亡人畜无算"。戴东旻修筑龙王山堤坝。歙县人民感恩戴德，为了纪念其筑堤之功，将堤坝称为"戴公堤"。

戴东旻任河南汝宁（今河南汝阳县）兵备副使时，时值农民起义烽火日炽，蔓延至河南、陕西、四川、湖北等地。戴东旻躬擐甲胄，率领祖宽、左良玉、陈洪范诸将，与张献忠、罗汝才、李自成等四十余战，前后告捷，以佥都御史抚治郧阳（今湖北十堰市郧阳区）。张献忠入楚，破谷城（今河南洛阳市西北）、围光化（今湖北随州市光化铺乡），戴东旻单枪匹马，不顾个人安危，冲锋陷阵，杀入敌营，解围光化，大破张献忠于双沟等处。张献忠穷途末路乞降，当时熊文灿主张招抚张献忠，戴东旻挺身而出，直言敢谏，上疏朝廷请求先剿后抚。阁臣杨嗣昌听从熊文灿的建议，戴东旻力争而不能阻止。张献忠在谷城诈降。戴东旻因反对招抚张献忠而被罢官入狱。当戴东旻被押到京师，戴东旻长子戴茂葵追随于囚车之后，到通政院门口击鼓鸣冤，通政院拒不受理。戴茂葵不幸忧愤得病而亡，十分凄惨。父子忠孝，天下冤之。

不久，张献忠死灰复燃，在谷城反叛朝廷，焚襄樊，杀襄王。朝廷认为其罪在招抚者。杨嗣昌在重庆畏罪自杀，熊文灿被逮下狱。崇祯皇帝忽然醒悟，认为戴东旻上疏有理，欲再起用之。岂料戴东旻已在七天前冤死在狱中。朝廷追赠戴震亨和戴启祥为河南参政。故"纯孝格天坊"又称"作忠资父坊"。忠孝人家,世人之楷模。戴东旻忧国忧民的情怀深得民心,比之古代良臣循吏,无以为过。

（撰文：汪建春）

惩恶扬善、退而不休的宋贤

宋贤，字又希，建德三都人，东晋开国侯宋兴后裔。明代天启二年（1622）中进士，授常熟县知县。宋贤勤政爱民，政绩卓著，后补魏县（今河北省大名县西南魏城）知县。不久擢升御史。职掌法律文书，评断决狱是非。宋贤为官清正廉洁，为人刚直不阿，首先弹劾魏忠贤逆党未被正法之人，其时有"前杨涟后宋贤"之谣。

天启四年（1624），给事中傅木魁交结魏忠贤的外甥傅应星为兄弟，上书诬告中书汪文言，并连及左光斗、魏大中。汪文言被投进镇抚司监狱。执掌镇抚司的刘乔接受叶向高的指点，不肯给汪文言定罪。魏忠贤大怒，将刘乔撤职除名，私自推荐许显纯来代替。副都御史杨涟对此非常愤怒，弹劾魏忠贤二十四大罪。奏疏上呈后，魏忠贤非常气愤，想将异己者全部杀掉。顾秉谦便把魏忠贤所忌恨的人全都记录下来，让魏忠贤逐个将他们罢斥。被罢斥的有吏部尚书赵南星、左都御史高攀龙、吏部侍郎陈于廷以及场涟、左光斗、魏大中等前后数十人。

梅城镇的开国侯坊（方韦 摄）

天启七年（1627）秋八月，朱由校皇帝驾崩，信王朱由检即皇帝位，年号崇祯。朱由检对魏忠贤的罪恶非常清楚，魏忠贤的党羽恐惧至极。嘉兴贡生钱嘉征弹劾魏忠贤十大罪状。朱由检将魏忠贤发往凤阳安置，魏忠贤在去凤阳的途中，仍豢养一批亡命之徒，妄图报复。朱由检得悉后大怒，命锦衣卫前去逮捕魏忠贤，押回北京审判。魏忠贤逆党李永贞得知消息后，急忙派人去密报魏忠贤。魏忠贤自知难逃一死，便与同伙李朝钦在阜城南关客氏旅店痛饮至四更，两人一起上吊自杀。那些与魏忠贤逆党有关的人日夜图谋报复。宋贤升为御史，首先弹劾魏忠贤逆党未被正法之人。崇祯二年（1629）二月，朱由检命大学士韩爌等人审定逆案，这才将魏忠贤的党羽尽数被逐出朝廷。故有"前杨涟后宋贤"之谣。

梅城镇的宋家湖（方韦 摄）

宋贤巡抚湖广期间，整顿吏治，提拔廉洁勤政官员，惩治贪官污吏，奖善罚恶，昭雪冤案，没有放过一个坏人，也没有冤枉过一个好人。他在武昌期间，用惩贪罚恶的赎款在汉阳龟山东首禹功矶上建白云阁，即今之晴川阁。取崔颢《黄鹤楼》"黄鹤一去不复返，白云千载空悠悠"的诗意，与黄鹤楼对峙，有"对江楼阁参天立"之美称。

当时严州为解绢（向朝廷上交绢制品）之府，百姓不堪重负，怨声载道，故二年之内，激起民变就有三起。宋贤敢于秉公直言，为民请命，反映他对下层人民的同情、理解和平等待人的思想；也对当时社会的不公正现象予以揭露，对官吏的贪赃舞弊予以痛斥。他在《条议严绢疏》中云："……浙江解绢者凡五郡，严州独苦。盖杭嘉湖地产桑麻，人谙机杼，其输将犹易；衢州虽不产丝，向系本府粮官开局织解，于民无忧；独严郡既不产绢，又非官解，每年编金田多大户名曰'粮长'，领价于本县，贸易于隔府，使费既倍，扣克更多……比较费用，更复不资，绢安得不滥恶，粮安得不赔累也……种种赔累，万分难支。产尽鬻及妻子，族逃累及亲朋，斯民又安得不激变也。今欲杜前弊，拨本塞源，无如官织官解一法……今赵继鼎疏来亦称官织官解另疏具奏知，事在必行矣。但今闻府县胥役贪婪不已，不得逞欲于此，又思取偿于彼，议增绢价、增盘费，分外多余，预图侵没……昔暗扣而今明增，其弊害更不可言。即方拟申详，未奉允行，然一时骏听，人心汹汹，恐又为淳邑之续。恳敕户部速行，厘饬官织官解。"朝廷采纳宋贤的合理建议，下诏改严州府为官织官解。严州百姓对宋贤为民解困之举感激不尽。

后来宋贤巡抚河南道，严明法纪，廉明公正。一切求情书扎，馈赠礼仪，不徇私情，拒绝贿赂。对勤政爱民者该升则升，伸张正气，对贪赃受贿者应黜则黜，打击歪风，深得百姓称道。后来宋贤升为太仆寺卿。其时正值李自成起义呈燎原之势，山西按察副使李树初被起义军所杀。山西乃燕京右臂，至关重要。朝廷命宋贤巡抚山西。宋贤到任后，整修城池，储蓄粮食，添置炮火，做好随时抵抗的准备，并在境内擒获贼首过山龙、番天鹞等。

宋贤因病乞归，加赠兵部侍郎衔。崇祯十六年（1643）十二月，东阳人许都，秘密结党，借母亲出殡，以白布裹头作为标志，称为"白头军"，十来天聚众数万人。冯龙友率众攻克义乌，杀死典史强谦益；吴奎破浦江，金华人戴叔高、王骐生，兰溪人郑君璧，义乌人丁汝璋，永康人朱升等先后响应。许都率兵围攻金华，巡按御史左光先，命陈子龙为监军前往讨伐。严州知府胡崇德招募义勇坚守严州城，王骐生佯败率兵来谒见胡崇德，意在偷袭严州，被宋贤识破诡计，与胡崇德设计捕杀，王骐生侥幸逃脱，后被抓获斩于市。

严州城原先没有固定的校士馆，岁科两次诸生考试场地都是临时搭建的。夏日闷热挥汗如雨，冬天寒风刺骨，手足皲裂，考官和诸生都对此提出批评。宋贤体会很深，告老归田后，慨然以创建校士馆为己任。把平时积蓄的俸银三千捐了出来，在州城察院行台东（今梅城勤俭路）创建严州校士馆。选择吉日，召集工匠，开工建设。堂庑廊门、厨房餐厅、寝室公厕，一应俱齐。

原先严州城兴仁门外锦鳞庵前有座文昌庙，又称文昌阁。祭祀梓潼帝君张仲。明万历二十四年（1596），知府黄功懋在文昌阁前建跃龙亭。崇祯年间，宋贤移建跃龙亭于溪涯（今青云桥附近）。梅城镇利群村高楼厦旗抄山下有座郭明府祠，大门上悬挂"郭明府祠"匾额，也为宋贤所题。宋贤非常敬佩郭明府的人品。郭明府祠创建于北宋元祐二年（1087），相传是为祭祀西汉渔阳郡（今北京密云）都尉郭伋而建。王莽篡汉时，郭伋任并州（今山西太原）太守。郭伋为官公正廉洁，体察民情。刘秀称帝后，封郭伋为尚书令，先后又调到渔阳郡和并州任太守，传说他到任时有数百名儿童骑着竹马夹道欢迎，深受百姓爱戴。朝廷遂晋升他为太中大夫。

宋贤七十六岁卒于家。著有《西台奏疏》《左传摄要》《地理定宗》和《岐黄要旨》等书行于世。

（撰文：汪建春）

刚正无私的柴挺然

明朝自万历年间开始就逐渐走向衰败，到了天启年间朝廷一片混乱昏暗。朝中被太监魏忠贤掌控大权。魏忠贤出身于河北沧州肃宁县一个贫寒家庭，为摆脱贫困入宫当了太监。魏忠贤虽目不识丁，但颇有心机，且生性多疑阴毒。为了荣华富贵极尽阿谀

为柴挺然而立的文衡官鉴坊旧照（周俊 供图）

奉承，奴颜婢膝。在宫中讨好攀上熹宗朱由校的乳娘客氏，深得客氏钟爱，两人臭味相投，沆瀣一气，而魏忠贤和客氏均深受熹宗宠爱。

熹宗登基后，非常赏识魏忠贤，魏忠贤从惜薪司升任司礼监秉笔太监要职，虽然他目不识丁，但有攀附他的文人为其效力。魏忠贤借此职权替皇帝审阅批复奏章，实际掌握朝廷决策大权。他利用熹宗贪图玩乐、不问政事的特点，投其所好，推波助澜，促使熹宗不理政事，沉湎于享乐之中。在客氏的帮助支持下，魏忠贤逐步排除异己，培植自己的党羽，对东林党人特别凶狠毒辣。东林党是一群力主革新、廉洁执政的士大夫，魏忠贤将他们视为威胁自己的宿敌，对其进行残酷镇压，极大地削弱了朝廷正直官吏的力量。

熹宗天启二年（1622），壬戌科殿试，柴挺然考中文震孟榜三甲第三百二十六名，赐同进士出身。柴挺然，字颖凡，严州府建德县人，初授行人官，行传达皇帝诏令、册封官员事务之职责。

永乐帝朱棣开创的东厂这个国家暴力机构，就是特务机构。其他部门均无权干涉，直接对皇帝负责。东厂最高首领由司礼监秉笔太监任钦差总督。熹宗朱由校将掌管东厂的大权交给了魏忠贤，魏忠贤如虎添翼，肆意罗织罪名，栽赃忠良。朝廷中只要有敢跟魏忠贤叫板的忠良，他决不心慈手软，要么对这些正直大臣强加以"莫须有"的罪名，投入监狱迫害致死；要么在朝堂之上使用廷杖酷刑当场杖毙其命。其手段无所不用其极，令人发指。朝廷政治昏暗，宦官魏忠贤独揽朝政，祸乱朝纲，陷害忠臣，柴挺然对此深恶痛绝。

左副都御史杨涟、御史左光斗、左都御史高攀龙、吏部尚书赵南星、吏科都给事中魏大中诸臣讽议朝政，激浊扬清，培植正直，抑制邪恶。柴挺然深明大义，毫不犹豫力挺诸臣。他虽位卑言轻，但掷地有声，铿锵有力，不容小觑。这些人令魏忠贤咬牙切齿，恨之入骨。杨涟不畏强权，上疏弹劾魏忠贤二十四大罪。魏忠贤矫旨将杨涟、左光斗诸臣罢免后，仍未解心头之恨，欲将他们斩尽杀绝，后来将杨涟、左光斗逮捕入狱拷打致死。魏忠贤阉党滥杀忠良、草菅人命、祸国殃民的卑鄙无耻行径，激起柴挺然心中无比的愤怒。

不久后，柴挺然升任吏部文选司员外郎，成为吏部文选清吏司的副长官，负责辅助郎中掌管司事。

魏忠贤胆大妄为，经常假传圣旨，凡巴结魏忠贤的人都能越级升迁。慑于魏忠贤的淫威，许多官员放弃做官的底线，纷纷投靠魏忠贤，认贼作父，卖身求荣，同流合污，参与到诬陷迫害忠良的罪恶行列。在这种腥风血雨的政治氛围中，柴挺然人如其名，具有直挺坦然之文人风骨，一身正气，坚守为官之道、为人之本。决不卑躬屈膝，与奸贼为伍。

熹宗天启七年（1627），柴挺然主持河南省乡试。他清廉正直，虽手握遴选衡文大权，却坚守公平公正、大公无私的原则。

当他抵达河南时，马上就有人登门拜访，当地有些富户为其子弟能中举，不惜重金贿赂他。使点银子对他们来说不足为惜，若能中举今后就能光耀门楣。而柴大人稍稍高抬贵手，就能使其子弟顺遂中举。不料柴挺然断然拒绝此举，并郑重正告他们：科举考场不是生意场，岂可用金钱交换？！

柴挺然深谙以往考场昏暗，果断采取与以往截然不同的方法，杜绝弊端，为国家选拔了一大批有用之才。有些贫寒学子中举入仕后，虽然才华横溢，但不会走旁门左道，长期得不到升迁。柴挺然慧眼识珠，为他们疏通关系加以提拔，赢得士林赞誉。

天启七年，熹宗朱由校病逝。由其同父异母的兄弟朱由检继位，年号崇祯。为巩固皇权，朱由检一上台，就清除阉党，打击异己，培植新贵。柴挺然毅然挺身而出，数次向崇祯皇帝上疏，奏请将前朝久积的冤案予以洗雪。奏请为被永乐帝朱棣夺去皇位的建文帝朱允炆恢复年号，追赠因反对魏忠贤祸害朝堂、被下狱残酷拷打致死忠臣杨涟、左光斗等人的谥号，以告慰英魂。柴挺然所奏之言，代表了当时人们的心声，因此被称赞为"尤协公论"。

严州府不产丝绢，朝廷却要百姓承担沉重的解绢，百姓苦不堪言。柴挺然得知家乡百姓解绢之苦，就与同乡同榜进士宋贤联名上书，奏请皇帝免除严州府解绢。此请最终得到皇帝恩准。他们为家乡百姓做了一件大好事。对当时加派地方上的"练饷"，柴挺然也总是想方设法在公款中筹措解决，决不摊派到穷苦百姓的头上，减轻了百姓们的负担。

后来因母亲年事已高，柴挺然请求皇帝准予还乡侍奉老母，未获批准便决然辞官。返回故乡建德后，柴挺然经常周济那些贫苦的百姓。他怜民爱民的善举深得百姓们的爱戴。他的家国情怀人人皆知，他清正高尚的品德有口皆碑。为纪念柴挺然，清代时在府城兴仁门（东门）外，建了一座"文衡官鉴坊"的石牌坊（今已不存），这是屹立在建德人民心中的一座历史丰碑。

（撰文：董勇根）

"破柱"县令毛凤彩

　　毛凤彩，字朴卿（一字五有），寿昌城里人，崇祯七年（1634）进士，被派往遥远的四川任职，担任成都府附郭县华阳县（今成都市双流区华阳街道）的县令。

　　明末，李自成义军张献忠部攻占成都后，对蜀王宗室下达了追杀令："凡王府室支，不分顺逆，不分军民，是朱姓者，尽皆诛杀。"蜀王宗室及家人数万人都被杀死，那些躲藏到深山老林里的也被追杀，连一些姓朱的其他人也都未能幸免。经张献忠捕杀后，蜀王一系的宗室成员几无幸存。

　　正是在这样的历史背景下，毛凤彩被派往四川成都赴任。

　　毛凤彩前往华阳上任的时候，高迎祥、李自成领导的农民起义军已成燎原之势。崇祯七年，起义军自郧阳渡过汉水，往西进入四川，攻破川东夔州后，转战湖广、陕西。三年后，李自成率起义军离陕入川。崇祯十三年（1640），张献忠带领的农民起义军攻破绵州，兵锋逼近成都，作为成都附郭县华阳县县令毛凤彩的压力巨大。

面对如此危急的形势，毛凤彩一上任即公布了十条禁令和十条约定，自己带头执行，希望民众监督。士民百姓看到新来的县太爷如此廉洁奉公，公开透明，也都心悦诚服，遵纪守法。

毛凤彩十分重视教育，认为教育要从青少年抓起。到华阳后，自己出钱刊印《功过格诂》，把对《袁了凡功过格》的理解写出来，教育少年学子，并且带头践行，做出榜样。对于做得好的学生，他都会加以品题赞扬，凡是他品题过的，后来大多取得了功名，成为不可多得的人才，被百姓们誉为"一榜半桃李"，赞扬他为华阳做出的贡献。

明代重要的思想家袁了凡（1533—1606），名黄，字庆远，了凡是他的号，世称"袁了凡"。万历十四年（1586）进士，著有《袁了凡家训》《历法新书》等著作，以《了凡四训》一书影响最大。该书由"生命之学""改过之法""积善之方""谦德之效"四部分组成，被学界誉为"东方第一励志奇书"，蕴含着中国文化深邃的智慧。

毛凤彩在华阳做的另一件大事是"破柱擒盗"，抓捕窝藏在亲王府里的盗匪。

成都是蜀王朱椿的封地，蜀王的旁支很多，平时鱼肉百姓，欺男霸女，无人敢问，甚至勾结盗匪，地方官惧怕王室的权势，都装作看不见，百姓们叫苦连天。《聊斋志异》中《晚霞》一篇讲的就是这样的故事。

一天，毛凤彩接到报告说，有大盗罗成业等三十四人藏匿在南川王府内，无人敢动。这些人为害乡里，作恶多端。毛凤彩决心将他们绳之以法。但是到王府抓人，无异于摸老虎屁股，不能不有所顾忌。俗话说，打狗还要看主人面，不是无所畏惧之人，有谁会去撑这个"硬头船"呢？

毛凤彩深知其中的利害关系，他做好了最坏的打算，带了兵丁衙役，直奔南川王府。先礼后兵，给王爷讲了一番大道理，上了一堂政治课，说明窝藏盗匪的严重后果，堂堂王爷犯不着为几个小毛贼毁了自己的名声。这个只会吃喝玩乐而不关心政治的王爷被毛凤彩的一番话说得连连点头，不得不乖乖地交人。

毛凤彩将这些歹徒带回县衙，按律严判，极大地震慑了歪风邪气，得到了百姓们的称赞。

到王府擒拿盗贼的事轰动了成都府，甚至惊动了上级领导，朝廷派人来调查，经办此事的御史对于毛凤彩敢于碰硬的精神深表敬佩，借典题写了"名高破柱"四个字予以表彰。

名高破柱又称"破柱求奸""埋轮破柱"，说的是东汉李膺与权奸作斗争的故事。

据《后汉书·党锢传》记载，野王县（今河南沁阳市）令张朔倚仗哥哥张让的权势，胡作非为，甚至剖开孕妇的肚子看里面的胎儿，百姓们恨得咬牙切齿，纷纷告状，但是各级官员都惧怕张让，没有人敢动他。张让在宫里当宦官，深得桓帝的宠信，是当时皇帝身边最有权势的"十常侍"之首，气焰熏天。

司隶校尉李膺得悉张朔的恶名，怒不可遏，立即派人抓捕。张朔惧怕李膺的威名，暗地逃往京城，躲进哥哥张让的府中。张让害怕李膺来搜捕，将张朔藏在大柱子里面。李膺得知消息，带了手下将士，进入张让府第，破开张朔藏身的大柱子，将他抓捕归案，交付洛阳令下狱审问，按律斩首。

李膺坚守节操，保持风节，是汉末清流士大夫的代表，名列"八俊"之首，在当时有很高的声誉，时人赞之为"天下楷模"。平时闭门不出，不和浑浊之人往来，人们以能见到他一面为荣，称之为"登龙门"。后来遭到宦官势力的反扑，冤死狱中，并且引发了一场牵连全国的政治风波，这就是历史上著名的"党锢之祸"。毛凤彩后来的遭遇与之有很大的相同之处。

内忧外患，迫使毛凤彩疲于奔命，既要管民生，又要管治安，还要管军事。但他以勇于担当的性格，把什么事情都揽在身上，以致华阳百姓"但知有县令，不复知有风纪，更不知有将帅也"。

毛凤彩的政绩有目共睹，被上级评为"卓异"，升任湖广道监察御史，按例进京叙职，有同僚写诗为之送行：

丈夫不洒别离泪，今日偏多为契交。

公子舟从天上发，王孙珠向峡中抛。

六年意气期三鼎，万里风云信九苞。

此去螭头当秉笔，好衔鹤舌细推敲。

——大学士刘宇亮《别毛五有公奉敕赴燕》

官船离开四川，刚刚进入湖北楚地，还没有来得及北上，忽然接到家信，说是老父病故，毛凤彩只得半途折返，回家奔丧。谁知回家不久即遭人诬陷，被免职下狱。

关于毛凤彩被免职下狱的具体原因和经过，地方志书中语焉不详，只说"以任事发忌，以立功求祸""以在任御寇为当道所忌"，总之，都是太能干惹的祸。

毛凤彩下狱后被"羁于省垣"，关在省城杭州的监狱里，可见罪名不轻。第三个儿子毛可法卖掉妻子的嫁妆和水田一百二十亩，多方奔走，好不容易才将父亲从牢里营救出来。

和李膺一样，勇于任事、清廉自守的作风引来了同僚们的妒忌，毛凤彩最终落得个"任事最奇，立功亦最奇；发忌最奇，取祸亦最奇"（明·李长祥《毛凤彩六十寿序》）的结果，后人对此感叹道："明季将帅媢嫉如斯，国家安得不败！"

毛凤彩出身于一个官宦世家，据《寿昌县志》的介绍，毛可法因为孝敬祖父，得到了祖父"补服两套"的奖赏。补服就是官服。明清两代官员的官服上前后各缀有一块刺绣的图案，称为"补子"，以区分官阶差别，文官以飞禽代表，武将以猛兽代表。能够一次性拿出两套官服来奖励孙子，可见毛家不仅是官宦世家，而且家境颇为富裕。

毛凤彩出狱后，又逢改朝换代，对人生可谓是大彻大悟，从此安居林下，游山玩水，"酒杯书卷，骥子麟孙"，吃斋念佛，"几不复知有变乱也"，年七十四而终。

（撰文：朱睦卿）

不畏权势、惠政于民的蒋鸣梧

蒋鸣梧，初名鸣龙，字从云，又字飞占。浙江严州府建德县人，生卒年不详。康熙八年（1669）由拔贡任山西汾西县知县。拔贡就是通过地方选拔后保送国子监深造的学生。这一制度源于清朝，最初每六年选拔一次，后改为十二年选拔一次。被选拔的生员称为拔贡生，经过严格的考试后，便有机会成为京官、知县或教职

汾西县民居

官员。

蒋鸣梧走马上任汾西县知县后，跑遍汾西县的角角落落，遍访了解当地百姓生活状况，发现汾西县的自然环境与江南建德故乡竟然有天壤之别。汾西县气候干燥，土壤高燥，土地易旱。蒋鸣梧来到汾河之滨视察，决意兴修水利，改变汾西县干旱的恶劣环境。他招募民工对废弃已久的枣平旧渠进行清淤疏浚，发挥其应有的灌溉功能。另外在加楼村砌筑堤坝，接着又疏通了福珠卫家滩后团柏村的三条水渠。这些引水渠道设施完善后，汾河的水沿着渠道奔流不息，源源不断灌溉了干旱的土地，终于解决了当地困扰百姓年久的干旱之苦，有效地改善了当地的农业生产条件。百姓们称颂他为救苦救难的活菩萨。后来百姓们为纪念这位为汾西县造福一方的父母官，在汾西县下团村建了一座蒋鸣龙祠堂。几百年过去了，至今依旧保存完好。

汾西驿舍因明末农民起义战乱而毁，导致牧草来源和马匹的饲养成为一桩棘手的事情。马匹作为军事战略物资，又是交通乘载工具，作战需要军马，驿站传递公文也需要马匹。由于驿舍被毁无法饲养马匹，最终只有落实到里甲（是地方上的一个自治自保组织）来承担饲养马匹的这一责任。当时社会的动荡和频繁的战乱，对基础设施的破坏相当严重，平民百姓的生活也受到了严重影响，里甲新添此职责，无形中额外加重了百姓的经济负担。蒋鸣梧想百姓之所想，忧百姓之所忧，为百姓们纾困解忧，断然革除军马民养这一规定，拨款重建官马场，重新由官府来承担。这一惠政的实施，百姓们感恩戴德，真乃民德归厚。蒋鸣梧还为汾西县纂订《汾西县志》，于康熙十二年（1673）刻印出版。

由于蒋鸣梧在汾西县任上政绩卓越，声名鹊起，不久擢升北京巡城御史。康熙十九年（1680）四月，蒋鸣梧向朝廷禀报了一起大规模的"以介绍工作为名强行拐卖人口"的案例。

蒋鸣梧在负责赈灾济民时，忽然接到两位山东百姓的报案。原来，在山东时，他们遇到"巴氏兄弟"的雇工需求，结果到了北京后两家人计二十三口全被拐卖了。据蒋鸣梧所说，山东德州和北京共有百余人被强行拐卖。主使拐卖的人是一名镶黄旗旗人的家人。

康熙十九年（1680），整个中国已经被清王朝统治了三十六年，大部分地区都进入了建设时期。因为有建设，就需要人口流动，再加上自然灾害，流民越来越多。清朝统治者满人是由半奴隶社会半封建社会进入成熟封建社会的。因此，"奴隶"在一定时期内是合法的。随着清朝政权统治地位日渐巩固，特别是降清的汉族官员屡屡劝说、申明清廷贩卖"奴隶"的危害性，清廷才逐渐意识到"奴隶人口掠夺"对于生产建设危害极大。

虽然顺治十五年（1658）清廷已规定：无论官民，只要购买奴仆就需要将各类相关文契交给州府县衙门用印存照，否则无效。但实际效果却不乐观。

清朝因满族一统天下，康熙朝常以胜利者自居，对待旗人特别纵容，汉满同罪不同责的现象比较普遍。康熙二十二年（1683），蒋鸣梧被调往山西道任御史。到任后尽心尽责，巡视山西道各州府县，经过深入调查发现山西境内外都存在严重拐卖人口的问题，严重地干扰了百姓们的正常生活。许多家庭因此妻离子散、支离破碎，破坏了社会治安的正常秩序。各地也向朝廷禀报贩卖人口猖獗之事，虽有刑部等衙门议覆，但这些议覆只是隔靴搔痒，丝毫解决不了问题。

　　蒋鸣悟为了国家和百姓的利益，旗帜鲜明，敢于触碰满族人的特权，毫无忌惮直接向朝廷上疏直谏，并条陈贩卖人口不同级别涉案人员的惩处办法。奏疏直指：旧例奸宄贩卖人口，止将该管的官员予以处分，从未看见过曾定有佐领、骁骑校、小拨什库、犯人家主做处分之例。

　　蒋鸣梧在奏疏中尖锐地指出：嗣后，城内旗人犯有贩卖人口者，本佐领、骁骑校知晓不服罪，当以革职；失于觉察者处以罚俸。小拨什库知晓而不服罪，施以枷刑责罚；失于觉察者，鞭笞五十。旗下家人犯贩卖人口者，家主知晓而不服罪，如果是平民施以枷刑责罚，如果是职官者，当以革职；失察是平民，鞭笞五十，如果是职官者，处以罚俸。其城外、园内所住家人有贩卖人口者，本主人则按此例议处。在屯内住者，将屯拨什库，按照佐领下拨什库处分。其关外住者，来京买人必须凭呈有明宛大二县，五城正印官，取文契用印，禀明该都统，咨行兵部给发印票。如果没有印票，令其出口守关，章京等俱罚俸一年，披甲者（军人）鞭笞八十，领出之人鞭笞一百。应增入定例，务必服从之。

蒋鸣梧这一举措，严厉打击了贩卖人口的犯罪行径，使那些蠢蠢欲动的人口贩子不敢轻举妄动，有力打击了失控的人口贩卖罪行。这些措施得到了朝廷的支持，有效地维护了百姓们的利益。

（撰文：董勇根）

上马善战、下马行善的鲍虎

鲍虎，字云楼，山西应州（今山西应县）人。原为明末武将，于河南归顺清军后，随豫亲王多铎征战四方，平定江南，屡立战功擢升为南赣标前营游击。顺治十三年（1656），擢升江南狼山副将。人们称誉他"猿臂善射，智勇超群""赋质鹰扬，果敢善射"，是一名骁勇善战的猛将。

康熙元年（1662），鲍虎调任浙江严州府协镇（城守副将）。康熙十二年（1673），清朝下诏裁撤平西王吴三桂、平南王尚可喜、靖南王耿精忠"三藩"，耿精忠反叛，自称总统兵马大将军，蓄发易服，响

昔日的老虎桥（汪天保 摄）

应吴三桂，入江西、浙江。耿精忠部、曾养性部攻占浙江严州府寿昌县、淳安县、遂安县。

康熙十三年（1674），叛将耿精忠攻陷寿昌县。耿精忠遣员向鲍虎传递诱降书，被鲍虎决然回绝，率部夺险攻隘，于七月十五日，一日六战皆捷，一举击败耿精忠部，收复寿昌县。九月，耿精忠纠集土寇黄应茂侵犯遂安县。鲍虎率部进剿，阵前斩杀耿部叶姓副将、参将王师古等，斩杀敌人一千一百七十余人，大获全胜。十二月，耿部总兵王飞石等侵犯淳安县，鲍虎率部进剿威坪，斩敌二千余人，生擒王飞石及副将江明等四人，副将江城被招降。后鲍虎一鼓作气收复了分水县。康熙十六年（1677），淳安县万余众响应耿精忠反清，占领了淳安县衙，后被鲍虎迅速击溃，叛乱者隐于山间，鲍虎乘胜追剿，将其头领贞玉俘获，淳安县平叛告捷。

鲍虎在严州府，不仅军事上战功卓著保一方平安，而且乐施公益，大行善举，造福一方。鲍虎刚调任严州府协镇不久，洪水泛滥，导致东湖决堤。待洪水退去，鲍虎亲自带领部下都司、游击、守备、千总及士兵搬石运土加入百姓修筑固堤的队伍之中。齐心合力终于顺利完成修堤，百姓称此为"同心堤"，这湖堤成了鲍虎联结百姓的一条友谊的纽带。他虽然是一介武夫，但是他一点也不鲁莽，从严治军，严明军纪，令部队一律不准滋扰百姓，秋毫无犯，如若发现违纪，则按军纪严惩。无战事时，鲍虎加强士兵训练，以提高部队战斗力。他和善亲睦，平易近人，是一个非常接地气的武将。

康熙二年（1663），鲍虎捐俸重修南峰"大福禅寺"前后二殿。扩建放生池，池上建有石桥，并立石牌坊，坊额镌刻"严陵第一山"。严州府兴仁门（东门）外，有一座佘浦桥，是陆路通往严东关的重要通道。清康熙年间，原桥垒石不牢固，若遇水患极易倾塌。康熙七年（1668），鲍虎慷慨解囊捐俸重建该桥。此桥泄水处采用单孔石砌拱门，就像城门。起砌工艺十分考究，采用糯米、石灰、桐油混合成黏合剂浆砌垒石，使石拱桥非常坚固。下泄水道均采用青石板铺砌，使溪水畅流无阻。桥宽约五米，两侧建有青石栏杆，石桥北侧分别嵌入"青云桥"三方青石镌刻。桥的东西两头各有

梅城镇老虎桥遗址

石刻卧虎二只，因此俗称"老虎桥"。

严州府学宫在府治西南其规模较大，中为先师殿，翼以两庑，前为仪门、泮池、棂星门。东明伦堂，东西四斋，名为时习、近思、克己、笃志。后为奎联辉堂、教授廨，旁为训导廨、学舍。历代对府学宫都进行修缮，但到了清初，由于常年失修，致使房屋破败颓圮。康熙八年（1669），知府梁浩然决定重修学宫。鲍虎虽然是武夫，但深知学宫是为国家培育人才的地方，捐资重修义不容辞，故再次慷慨捐资，令知府梁浩然感动不已。

府城西和义门外，乌龙山南麓之水蜿蜒绕至此流入严州西湖。这里原来有一座砖砌便桥横跨其上，由于年久失修有坍塌之险。康熙九年（1670），鲍虎捐俸对该桥进行重修，改建为石梁。鲍虎的善举，使得桥梁得以牢固，使百姓进出城得以便利，因此人们称此桥为"鲍公桥"。

鲍虎对自己的协镇衙门（今梅城总兵府遗址公园）也舍得捐资进行改建，增设射圃。在严州府驻守期间，鲍虎的俸禄基本上全捐于公益，而自己却十分节俭。鲍虎具有"上马善战，下马行善"的人格魅力，深深感染了严州人民，令严州人民无比崇敬。

（撰文：董勇根）

十载守严、人颂其德的任风厚

任风厚，陕西临潼人。拨贡生，任淮安府通判，后升淮安知府。清朝康熙十六年（1677）任严州知府。任风厚严于律己，廉洁奉公。做事认真，一丝不苟。当时农民缴纳皇粮国税，将皇粮投入"柜书"

文庙新貌

计量,每年上缴皇粮之时,任风厚都要亲自到现场督查,并校验"柜书",杜绝粮吏从中作弊。

严州府儒学(孔庙)原在府治东南,在今龙山书院的位置。建成后,屡有迁建,并且屡建屡毁,屡毁屡建。至清朝康熙二十一年(1682),府儒学又被洪水冲毁,风雨飘摇,颓圮殆甚,成为杂草丛生的荒地。康熙二十五年(1686)冬,任风厚"节省俸钱以采木植,以陶砖甓,土石材苇以次备具,遂选日鸠工,尽去其旧而一新之",重建大成殿、启圣祠、东西二庑、棂星门,以及讲堂斋舍共三十余楹。创建云路亭于仰圣门之南,并筑围墙,自戟门至棂星门凡一百六十余丈。于康熙二十六年(1687)之夏竣工。

北宋真宗大中祥符年间,睦州城内的龙兴观奉旨改称天庆观。之后,屡有建毁。至清朝康熙二十年(1681),任风厚拨款在旧址上重建玄妙观,增建月台以及二座班亭,并在道观大门外重建清静坊,左右各立下马石,并改玄妙观为万寿宫,作为文武官员的祝圣之所。

七里泷富春山严子陵钓台,分东、西两台,高约百米,并列江湄,形胜天成。东台以东汉严子陵淡泊名利、不事王侯的"高风亮节,独绝千古"而闻名;西台以南宋谢皋羽闻抗元英雄文天祥丞相为国殉难、悲不能禁"登台哭祭,振声千古"而闻名。双台吸引了众多名人雅士,来此览胜访古。北宋景祐元年(1034),范仲淹知睦州始建严先生祠，并作《严先生祠堂记》。康熙二十年（1681）夏，任风厚到七里泷严子陵钓台谒严先生祠堂，见祠堂破旧不堪，摇摇欲坠，便倡议捐俸禄重修，得到同事的纷纷赞同，随即采购建筑材料，动工修建祠堂、东西二台等。并增建问隐堂、客星亭、碑廊、牌坊等。牌坊上书"千古异人"。任风厚在《重修严先生祠堂记》中云："余司牧此邦，景仰前哲，故新其庙貌，以永俎豆于不祧。而且为兴朝风节之劝，岂仅矜名胜资游览而已哉！"

严州城扼山川之胜，巍峨乌龙山，丁字三江水，南北二峰，东西两湖，相互争胜，蔚为壮观。西湖为唐朝睦州刺史侯温在南

严子陵钓台下的严先生祠堂（方韦 摄）

沟西侧筑坝蓄水而成。东湖为明朝万历年间，严州知府吕昌期在南沟东侧筑坝蓄水而成，并引水逆流而西。由于年久失修，东湖坝坍塌，湖水仍由东水门出城过佘浦桥（俗称"老虎桥"）入三江口。清朝康熙十一年（1672）三月，知府梁浩然和建德知县项一经等重筑东湖堤坝，为宦圃游观之地，泄水筑台逆西流，经宋家湖，过三板桥、太平桥到江家塘，过后历桥至蔡家塘，出水门与西湖会合，潆洄如带，故称玉带河。浅则蓄水利于农田灌溉，涨则溢坝与庵口溪会合，经吕公桥流入新安江。康熙二十一年（1682），东湖堤坝再次被洪水冲塌，任风厚"披阅舆纪，推古验今，丝粟不爽，爰集绅衿父老商所以缮修之"。

睦州城早在唐元和之前就有了。到唐僖宗中和四年（884），镇海节度使周宝昀副将陈晟攻取睦州，唐王朝封陈晟为睦州刺史，扩建睦州城，周十九里，高二丈五尺，阔二丈五尺。之后，经宋宣和年间知州周格、元至正末年朱元璋部将李文忠重建，城垣或有扩张，或有缩小。又经岁月摧折，时有破损。清朝康熙二十一年（1682）五月大水灌城，六月又发洪水，严州城墙多处被洪水冲塌，任风厚拨款修缮。二十五年（1686）闰四月，洪水泛滥，城墙又被冲塌多处，任风厚又与同知张超越、通判王嘉植，建德知县戚延裔重修。

康熙二十二年（1683），任风厚主持续修了《严州府志》。任风厚与毛际可等乡贤，"吮墨含毫，焚膏继晷，甫匝月而告竣"。

府志编纂成稿后，因故未能刊印。乾隆二十一年（1756），知府吴士进与胡书源等以任风厚《严州府志》稿为蓝本续修。

任风厚任严州知府整整十载，为严州百姓做了许多好事，百姓为之立碑以颂其功德。

（撰文：汪建春）

政卓文斐的毛际可

和中国历史上许多被文采所掩的政治家一样，清初的毛际可在后人眼中一直是一个著名的文人，所谓"浙中三毛，文中三豪""浙上三毛，东南文豪"，等等，都是对他的文学地位的肯定，而对于他政治上的作为却很少有人探究。其实，在清初混乱的局势下，毛际可是一个不可多得的人才，也是一个为官清正的廉吏。

毛际可（1633—1708），字会侯，号鹤舫，严州府遂安县（今属杭州淳安）人，顺治十五年（1658）考中进士，这一年他才二十五岁，而且很快走上仕途，可谓少年得志，十分风光。但是直到康熙二十二年（1683），在政坛奋斗了二十五年的毛际可仍然只是个小小的七品芝麻官，这和他的才

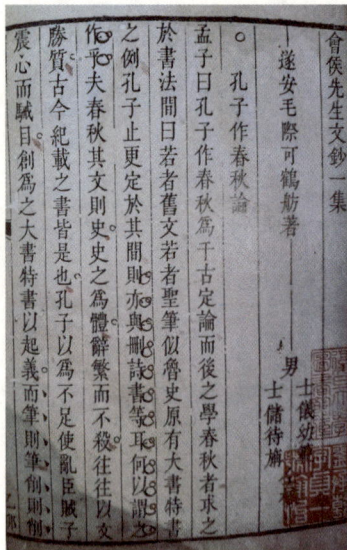

毛际可著作

干很不相符，与他的抱负更是相去甚远。

以毛际可的才干完全可以干出一番大事业来，但是他最终还是以文学成就留名后世，犹如后来的郑板桥和袁枚，清朝少了一颗政坛的新星却多了一颗文坛的明星。

毛际可是入清以后最早考中进士的一批严州人，排名第七，在遂安人里面排名第三。中进士后，即被授予河南彰德府（今河南安阳市）推官之职，官正七品，掌理刑名狱讼之事。

其实，毛际可文才极好，殿试录取为二甲进士，档次很高，是除了第一批前三名状元、榜眼、探花即"进士及第"以外的第二批进士，称为"赐进士出身"。二甲进士可以赐予实职，更有机会进入中央政府当官，授予庶吉士、主事、中书、行人等官职。毛际可参加过皇帝亲自主持的廷试，举文评为优等，作为范文保存在金殿内，如此优异的成绩，应该说平步青云是不成问题的了，但由于种种原因，毛际可最终还是被派往基层当了一名推官。

毛际可甫一上任就碰到一件棘手的事。

当时有一名归德府（今河南商丘市）的武将，仗着自己是皇亲国戚，祖上有功，在家乡横行不法，强抢民女，地方官不敢得罪他，怕惹上麻烦。此人是刚入关的满族新贵，依仗自己的特殊身份横行霸道，无人敢管。可是他的运气不太好，碰上了毛际可这位新上任的推官。

通过缜密的调查取证，毛际可掌握了他犯法的事实，然后将其捉拿归案。毛际可传齐人证、物证，列出他的犯罪事实，共有十多条罪状，按律斩首报结，一时震慑住了社会上的邪气，治安状况大为好转。

彰德府有一名吏员叫曲尚信，离奇死亡，前任官员判定为连奇才所杀，连已被判处死刑，打入死牢。毛际可经过复审案卷后，发现了许多疑点，认为证据不足。他调集涉案人员复审，取得了许多否定性的证据，推翻了旧案，将连奇才当庭释放，避免了一起冤案。

宁陵县（为归德府的属县）抓了一批盗窃犯，有十三人，为首者叫房有才，被关在彰德府的监狱里，已经判了死刑，并且已经上级批准，只待秋后处决。毛际可觉得盗窃犯判处死刑量刑过重，而且株连人数过多也是不应该的。他调取案卷重新审核，认为依律不当死，于是申报上级，请求按照刑律免去死刑，依法另判，这十三个人得以免死。经过毛际可复查的案子有多起，一百多人得以弄清事实，平反昭雪。

康熙六年（1667），毛际可调任陕西城固县知县。城固是汉中的属县，明代末年，这里是起义军和官兵鏖战的地方，青壮年死亡，人民流离失所，一片凄凉。毛际可面对的是一个人口流亡、田地荒芜、民不聊生的局面。他首先招抚流民，聚集人口，恢复生产，安定社会。一边贴出告示，张榜安民，招徕流民返回原籍，鼓励生产，耕牛种子由官府协助解决；一边征召饥民，以工代赈，疏浚淤塞已久的湑河五门堰，兴修水利，使得县境内五万多亩土地得到灌溉，保证了粮食的丰收，为恢复社会秩序打下坚实的基础。

城固北依秦岭，南靠巴山，山高林密，常有猛兽为害。毛际可调集县内猎户，携带火枪、强弩上山设伏，搜捕猛兽，打死了两只老虎，为民除害，保证了社会的安定。

康熙十六年（1677），毛际可调任河南祥符知县。祥符为开封府的属县，河南巡抚知道他担任过推官，很有审案的经验，就命他代行开封府同知的职务，分管地方盐、粮、捕盗、江防、河工等事务，河南巡抚将全省拟上报刑部备案的刑事案件全部委托他复核处理。这是一项十分艰巨的任务，毛际可不敢怠慢，夜以继日地干了几个月，每天黎明即起，天黑方归，处理了成堆的案卷，工作认真仔细，许多冤案、错案得以平反纠正，或重新审理，据实重判，得以减刑。在同知任上，毛际可又处理了两件难办的案件。

当时祥符县驻扎了一支新调来的军队，在这里进行集训。谁知军队进驻的第一天就发生了军士抢夺民间财物、强奸妇女的事情。毛际可奉命前往处理。他来到军营，要求主帅把犯法的军士抓起来，按军法处置。但是主帅却说：部队长途跋涉，一路风餐露宿，十分辛苦，刚刚安顿下来，军心未定，不能因为士兵犯了一点小错就动用刑罚处置，那样会影响士气。

毛际可听了，严肃地说："将军的话错了。没有严格的纪律是管不好军队的，更何况祥符乃省城属县，军队纪涣散会造成很坏的影响。大军初到就发生了这样的事情，而将军却不管，这就叫作放纵；而放纵士兵违法乱纪就是兵变。兵变能说是小错吗？部队发生兵变，带兵的将领是难辞其咎的。请将军三思！"一番话说得带兵的主帅汗流浃背，再也不敢怠慢，立即下令彻查，对违纪的士兵按照军法予以惩处，给了老百姓一个满意的答复，军队的纪律也好多了。

朱仙镇是一处水陆码头，是开封府下辖的一个大镇，地处交通要道，与广东佛山镇、江西景德镇、湖北汉口镇并列为中国四大名镇，商贸繁荣，是一个满地铺金的繁华商埠。镇上有一个叫王炳的地痞勾结旗人欺行霸市，在各业牙行（商贸交易的管理机构）以外，又另设了一个总牙行，垄断全镇的贸易，额外收取高额的佣金。旗人与皇帝同族，享有种种特权，普通百姓都十分惧怕，连官吏都要让他们三分。王炳正是看准了这一点，才敢胆大妄为。商家惧祸，但求破财消灾，只好忍气吞声。然而长此以往，朱仙镇的经济发展必然要受到严重的影响。

毛际可了解情况后，立即向巡抚衙门报告，说明利害，采取了坚决措施，撤销了总牙行，恢复了市面上的正常秩序，保证了朱仙镇的平稳发展。另外，在疏浚黄河的工程上，毛际可也取得了很好的成绩，他负责的工程被列为河南省河工第一，得到了钦赐朝服的奖励，这在当时是极高的荣誉。

在彰德府任职时，他被选中担任乡试的阅卷官，担起选拔人才的重任。尽管文采出众，政绩斐然，他的官职却始终升不上去。康熙十七年（1678），在宦海沉浮了二十年的毛际可，又一次碰到了机会。

为了广招人才，这一年朝廷开设制科，"凡有学行兼优、文词卓越之人，不论已仕、未仕"者，均可由科、道以上官员举荐，毛际可也在被荐之列，参加了博学鸿词科的考试。制科是于常规的三年一次的科举考试之外的不定期选拔人才的活动，康熙朝六十一年只举行过两次，属于朝廷的恩典。制科考试的报名选拔非常严格，程序也十分烦琐。毛际可的成绩十分优异，卷子进入了太和殿，被康熙御批为上卷。按说这次应该被授予翰林等清要的职务了，但仍然没有动静，最后也只给了一个文学的空衔。

毛际可的两次科考都取得了优异的成绩，尤其是制科的考试，极其艰难，天下能入选者寥寥无几，主考者还以毛际可能来报名为荣，可是一切努力都付之东流，他看清了皇帝对汉人的保留，对宦海生涯也已经厌倦。"仙鹤岂曾甘豢养，山鸡亦自惜羽毛。乡心物论皆难惬，回首严陵八月涛"（毛际可《戊午岁谬膺文学之征，闻命志愧，兼忆严陵有述》），决计辞官回乡养老了，这一年他才四十五岁。从此，直到七十五岁去世，再也没有涉足官场。

毛际可少年即有文名，回乡后，闭门著书，在家乡建问字亭，以启后学，远近慕名从学者盈门。康熙二十二年（1683），毛际可应浙江巡抚王国安之邀，任《浙江通志》总裁，在明代薛应旂志稿的基础上订正、补充，于年底完成书稿。碍于战事，《浙江通志》直到雍正年间才刻印完成，毛际可写的《浙江通志序》收入其中，赖以流传。

完成《浙江通志》书稿以后，毛际可又应严州知府任风厚的邀请编修《严州府志》，编成后也未付梓，直到乾隆年间方始刻印成书。

毛际可擅古文词，工书画，平生著述甚多，身后留下了《黔游日记》《松皋诗选》《春秋三传考异》《安序堂文钞》《拾余诗稿》《浣雪词钞》等书，是一笔珍贵的文化财富。

（撰文：朱睦卿）

为民求雨而殉职的王光鼎

　　王朝鼎革之际，必有良将忠臣；而天下初定，由乱入治，则必有干臣廉吏。

　　康熙即位之初，三藩作乱于外，权臣恃威于内，经过近三十

位于乾潭镇梓洲村白云岩的王公庙（方宇　摄）

年的治理，全国形势始趋平稳。为了医治战乱疮痍，必须安定社会，恢复生产，缓和民族矛盾和阶级矛盾。为此，清廷采取了一些有利于经济发展的措施：停止圈地，鼓励垦荒，兴修水利，与民休养生息，等等。这是一个呼唤能臣廉吏的时代。康熙二十年（1681），康熙帝接见直隶巡抚于成龙，称他为"清官第一"。于成龙曾任江南、江西总督，廉洁自律，为民谋利，被誉为"一代廉吏"。在严州，康熙年间也出了一位廉吏，他就是严州知府王光鼎。

王光鼎，字吉铉，奉天（今辽宁沈阳）镶黄旗人，康熙三十五年（1696）任严州知府。当时，三藩之乱平定不久，此前，福建靖南王耿精忠兴兵时，祸及浙赣交界的严州，朝廷大军皆取道严州进入闽赣，军需供应繁重，百姓疲于奔命，劳民伤财，元气大伤。丁口减少，田地荒芜，百废待兴。王光鼎远道而至，面临的是一片破败荒凉的景象。

"下车之日，励精勤政，以移风易俗为先务。劝民植茶于山，垦荒土之不耕者，以广兴地利。"（仇兆鳌《王公祠记》）王光鼎首先抓的是稳定社会，教育百姓，建立社会秩序，接着便是发展生产。茶叶为严州之传统特产，也是政府重要的财赋税源，严州山民有栽种茶园、制作茶叶的经验和传统，茶叶栽培周期短，收效快，发展茶叶生产是恢复经济的一项好措施。他又招徕游民，开垦因战乱而招致荒芜的田地，以便尽量利用和开发土地资源，加快恢复经济的步伐。这是两项非常得力的救急措施。

第二年，正当王光鼎按自己的部署一步一步地推行恢复计划时，严州发生了大旱，"田苗日槁，民惶惶虑艰食"。严州山区，小雨辄涝，小旱辄槁，连救旱的塘水也难寻，只能靠老天发慈悲下雨。

　　州城之北的乌龙山，山顶有圣水池。民间认为，龙乃施雨之神，因此每逢天旱，地方官都循例前往乌龙山求取圣水以施雨。王光鼎觉得自己乃是代天子守一方土的责任人，阴阳不顺，水旱乖违，是自己没有尽到责任的缘故。于是率领府中僚属，徒步而行，登上乌龙山巅的圣水池，求取圣水，以祈龙神施雨，解除旱情。

　　天气闷热，加上连日奔波劳累，王光鼎因身体虚弱而中暑，回到衙中，已是不起，但仍不忘田间旱情，祈求苍天，为民请命，早施甘霖，以解民困。"易箦之顷，独以斯民为念，无一语计及身家"（张允美记）。即使在生命垂危之时，他想到的还是解救百姓。百姓们听说后，都跑到城隍庙去烧香叩头，祈祷城隍老爷保佑知府大人早日痊愈，情愿以身相代，但是种种原因导致回天乏力，病逝于任上。

　　王光鼎去世后，百姓们纷纷赶往城隍庙，"蜂拥蚁聚，城隍庙石栏顷刻坍倒"，把城隍庙内的石栏杆也挤翻了。全城百姓自发地为其戴孝，寄托哀思，"三日之内，城野皆麻衣"。

　　王光鼎廉洁自律，"食俸之外，未尝取民间一丝一粟"，家属子女扶棺柩北上归乡，缺少川资。百姓们闻讯，纷纷解囊，"助丧而归"。灵柩离境之时，城乡一片哀恸："耕者哭于畔，行者泣于途，商旅辍于市，号恸之声，闻于四境。""壶浆箪食之祭，相望于道，百余里不绝。"那场面天地也为之动容。

为了纪念这位一心为民的好知府，百姓们自发地为王光鼎建祠，一在城内东门街，一在"城东六十里梓洲白云洞"。王公祠内的塑像清装赤脚，"首则朝冠，足趾草履，一其祷雨时如此也"（清·俞樾《春在堂随笔》）。这样赤脚官员的塑像全国也不多见。封建时代能出现脱去朝靴、穿上草鞋、徒步登山的四品官员，确实不多。这样的好知府，难怪要感动全城百姓了。

据地方志记载，王光鼎在严州知府任上仅九个月，能获得老百姓如此发自真心的爱戴，是有着深刻的历史原因和时代背景的。

康熙中叶，乾坤初定，饱受战乱之苦的江南人民，亟盼休养生息，这时来了一个关心民生疾苦的好官，老百姓的感戴之情可以想见。

民间传说，王光鼎原本是不会死的。他登山中暑，病倒在床，却有人散布流言蜚语，造谣中伤，说他并未上山求雨，肚子痛乃是装出来的，除非他敢于喝下生桐油，才能证明他真的病了。据说生桐油能解中暑之症，但如不是中暑，喝下桐油即会上吐下泻，会有生命之忧。为了证明自己的清白，王光鼎真的喝下了桐油，结果加剧了病情，很快就死了。

地方文献中关于王光鼎的记载十分简单，只知道他是奉天人，他的生平家世及身后之事都不清楚，也没有资格进入《清史稿》，但是他的事迹却感动了著名的学者仇兆鳌，便为他挥笔写下了情感动人的《王公祠记》。在这篇记文中，仇兆鳌提出了一个重要而尖锐的命题，即地方官的好坏对于国家稳固的重要意义："二千石乃亲民之官，贤则民受其福，否则民被其祸。"

"与我共此者，其惟良二千石乎？"这个由汉宣帝提出来的古老而又历久弥新的问题，是每一代执政都者必须回答并且加以解决的问题。"生也为民而切其勤劳，亡也亦为民而丧其躯命"（县绅张允美记），王光鼎用自己的生命回答了这个问题，他的诚意足以感动上天，他的愚钝乃时代之局限，与一心为民是无关的，他之所以被严州百姓怀念，绝非偶然。

（撰文：朱睦卿）

知民疾苦的方廷熹

　　方廷熹(1727—？)，字霁庵，号西塘，寿昌县后街（今寿昌镇）人。方廷熹家居寿昌县城中，与县衙一街之隔，是名门之家。生在闹市的方廷熹受市井人气熏陶聪颖过人，父母只望长大后能护家为国。无奈家道中落，且体弱多病，母亲对他既担心又管教极严。《（民国）寿昌县志》是这样记述的："少多病，母禁其为文。弱冠始习举业，一战而捷，旋食饩。"由于体弱之故，方廷熹母亲不让他带着病弱的身子攻读文章，在二十岁时候才始攻科举之业。

　　皇天不负有心人，方廷熹因学业优等，于乾隆十五年（1750）中举，乾隆十九年（1754）荣登进士第。初授保定府定兴县知县。定兴县位于大清河畔，遇洪泛滥成灾，多任知县欲想治水皆无效果。方廷熹走马上任即行走于大清河两岸，为治水兴农做规划。方廷熹初到定兴县，旱后又遭暴雨，大清河水溢两岸，白洋淀水位涨高，天灾人祸即将降临。恰时家乡报丧，说母亲亡故。自古忠孝两难全，方延熹心头焦虑，奔丧还是治水？他遥望远方的家乡，又望着灾难中的定兴县灾情，他对天长叹口喊娘亲：孩儿乃一县父母，只有先忠国后孝家了。他奔波在大清河两岸，指挥抗洪排洪。忠孝之举感动了上天，天晴雨停水退了，这时方延熹才告假奔丧，为母守墓三载。

守孝期满，方延熹任山西宁武府五寨县知县。山西黄土高坡为燥旱之丘，五寨县乃苦寒之地，五谷年年歉收，赋税无年满额，可谓"比岁不登"。富处官易当，穷地官愁肠，方廷熹先解民情再理政务。往五寨路遥千里，方廷熹忘却路途劳顿，只身行于难民之中。此时的五寨县真是"遍野逃荒者，途有饿死人"。旧志载："饿殍在途，逃亡在境。"

方廷熹据实情报请当朝，只有先抚恤灾民方能安定人心，重作五寨田原。五寨县之苦已是陈年旧事，朝廷闻悉恩旨解库赈民。旧志载："蠲缓正赋，发库金万余，以苏穷困。"朝廷下旨，免除和暂缓五寨县赋税，又拨付库银万余两，真乃雪中送炭，久旱逢甘

今寿昌镇方廷熹居住地（戴荣芳 摄）

雨。从此，五寨县民有起色，田有人耕，舍有炊烟。谁料西北时遭连年战事，百姓负担增重，赋税又生。方廷熹以捐俸薪作军需以减轻民苦，杯水车薪又顶何用？不久辞官还归故里。

方廷熹辞官归乡后，常以山水相伴，以诗文为娱。长篇叙事诗《隐花园诗》，把寿昌北乡描绘得似若仙境。"采菊烹井泉，芬芳满岩谷。野鸟巢高枝，毛羽丰以泽"，生动鲜活。方廷熹以此诗唤民心，若想仙境常驻，筑堤蓄水保护生态是人间之大事。他没忘记定兴五寨之灾，民之疾苦半为生态之过。

城南艾溪南岸有山称默山，山有岩峰叫狮子岩，方廷熹常邀好友，以诗赞美山景人情，《同友人登城南狮子岩醉中口占》：

南城城外百峰攒，坐倚深山古木寒。

野阔更随秋望远，天空不碍酒怀宽。

浮尘扰攘看蜗角，旧疾缠绵任鼠肝。

指点荒祠无恙在，遥情一叩李都官。

默山之麓建有李都官祠，祠主为唐刺史李频，方廷熹常来李都官祠引领灵气，又常将身心完全寄于山水间：

载酒城南古渡隈，远凤吹雨净纤埃。

娟娟戏鸟烟中没，漠漠寒花石上开。

野岸耕氓无旧识，荒村竹树少新培。

十年辜负青溪路，今日随人始一来。

　　方延熹卸任布衣身，心中有大任，说是游山玩水，却是观山水谋划家乡田园。步测周溪，筑堤蓄水引注两岸农田。非官者办着官事，百姓赞颂其"布衣知县"。

（撰文：戴荣芳）

重启小南门的聂镐敏

聂镐敏,字丰阳,号京圃,湖南衡山人。嘉庆六年(1801)进士,选庶吉士,授编修,曾官太子洗马、安徽学政、兵部郎中,后外任严州知府。

严州古城小南门——福运门（方韦 摄）

道光二年(1822)，聂镐敏来到严州任上，首阅乾隆旧志，见纪中有所阙略，比如城门就未详加考证。城，是据形胜而建的要塞，城门之辟，风水固然重要，交通则是第一，启闭自然有规矩。严州府城始筑时，辟有六门，而《（万历）严州府志》及以后的府、县志皆载五门，即东兴仁、南澄清、西和义、北拱辰及西偏北的武定(小西门)，而东南角城隅有被财神庙遮掩的一城门洞券。以这里作起点，为一矩形曲道，两端各自伸往西、北方向，其名不以街，不以巷，亦不以弄里，却以小南门呼之，事必有因。聂镐敏走访县绅耆老，皆说文献记载已失考，只知小南门诚先设后闭。聂镐敏便从县库调阅前代的《鱼鳞册》，见册书有载小南门及字号，依字号亲自踏勘，发现即城根的徽州会馆地址，负城基而面街心有财神庙一间，入门见石香案一座，上书"大明崇祯七年岁次甲戌仲夏吉立"十四个字，此庙似乎专为掩此门而设。聂镐敏登城墙四览，形势历历在目，慨叹是处设门之重要。于是召黎民绅士集于府城隍庙，陈述重开小南门的必要性与重要性。聂镐敏又从关乎全州的文运风水方面，做了解述，以前科第之盛，官阶之显，而后来商旅货殖过而不留，科第不盛，皆在于一门，并指出，为何竟然把一座不可关闭的城门给关闭了？众人听闻后，纷纷赞同重开小南门。

于是筹集资金，推举董事，择吉日开工。城门洞开时，"旧城门之石晕隆隆作弓势者尚存，其扉扇封筑于土中，木朽化为泥，裹门之铁，贯铁之钉，捡拾盈筐……"小南门重启，整修之后，聂镐敏榜书此门名"福运"二字，并作《重开小南门记》记载了这件事。

道光五年（1825），聂镐敏首捐俸银，倡修两湖。湖者，有堤则蓄，堤坍水走沙停，沙积泥淤，水利即变为水害，历代守严州之父母官，皆极为重视对两湖的修浚。至聂镐敏倡修时，东湖已经四次修浚，而西湖已经八次整修。聂镐敏集资整修两湖，亲力亲为，牢筑堤，深浚湖，补偏救弊，力求完善。东、西两湖整修之后，为确保湖水渠道保持长久畅通，聂镐敏与众人商议定下四条规约：第一，不得因养鱼为便于撒网而削低水坝，及贪放水之便而擅自开凿水道。第二，今后小东湖、江家塘、蔡家塘俱须挑浚积土，不得栽种芦藕菱芰，以防其根腐烂，化泥添壅。沟壕均系官地，不容侵占。今后再有私架楼房、倾倒土砾者，责成地保，逐段密查，报官严究。第三，占官湖为私田地者，俱须清出还官。第四，东、西湖之渔业，毋许民间分租，由官方统一管理。在制定规约时，对贫困户关怀有加，如贫户方万春、吴春发以前占渠所盖的小屋，并未一拆了之，而是各发钱三千，令自行雇工拆毁。又若地保、董事不作为，父老乡绅可禀官另派。这关心贫者和赋予庶民的监督公务人员的权力，既有力促进规制实施，也显见聂镐敏的仁风惠政。

道光六年（1826）二月，西湖工竣，聂镐敏又带头捐俸银，筹资在湖心的宝华洲上，建造宝贤书院，并清理大量湖田、湖地，核查西湖、江家塘、蔡家塘三处鱼租，均归书院作年修经费。

为官一任、造福一方的聂镐敏，因夙夜辛劳，不久便病倒了。于是上报请求退休归养。九月带病归返故里。临行时，解囊捐俸银一百元，以作科试生童的笔资。其一生勤于著述，有《松心居士诗文集》《赐书堂经进初稿》《馆阁诗赋》等传世。

（撰文：罗嘉许）

为"九姓渔民"平反的戴槃

　　贱民是封建社会阶级压迫的产物，既涉及政治问题，又涉及社会问题。远如在欧亚各地流浪的吉卜赛人（俄国称"茨冈人"），近如印度因种姓制度产生的"不可接触者"，因种族歧视而产生的美洲黑奴，第二次世界大战时期纳粹德国治下的犹太人，等等，

旧时船上人家

都是贱民。

贱民是被剥夺了公民基本权利甚至生存权的人，犹如会说话的牲口，命运十分悲惨。在中国，由于改朝换代和政治斗争，失败者往往沦为贱民，如山西的乐户、广东的蛋民、绍兴的堕民，都是历朝政治斗争的产物。贱民的身份一旦确定，就不能改变，世世代代都必须沿袭下去。

旧时严州地区也有贱民，名曰"九姓渔户"，是由严州知府戴槃平反改正的。

戴槃，字涧邻，丹徒（今江苏镇江）人，道光二十三年（1843）举人。咸丰初选桐乡知县，未赴。后任台州府同知。咸丰四年（1854）时，戴槃奉命往徽、严二州（也是皖浙二省）交界处巡查防堵太平军的防务工作，巡查结束后乘船返回省城杭州，乘坐的恰好是九姓渔户经营的茭白船。船主姓陈，得知乘客是朝廷官员，就请求他免去九姓渔课之税。因为不了解情况，戴槃没有贸然答应，只是说将来若能到严州任职，再来处理这件事。

过了十一年，同治四年(1865)时，戴槃果然被派往严州担任知府。这一年是太平天国乱后的第二年，戴槃面临的是一个比王光鼎时期还要糟糕的局面。严州是太平天国后期双方争夺的战略要地，曾四次得失，百姓死伤极多，流离失所，城镇萧条，土地荒芜，民之存者，十不一二。二十多年后的光绪十六年（1890），元气犹未恢复，仍是满目疮痍：

去匪扰几二十年，层峦叠嶂，弥望尚皆童山，里罕炊烟，田野荒秽，闉阇以内，市肆亦寥落如曙星，所见前代破坊及燹后断垣，与城上梅花女墙相向，兀立于荒山之麓。遗黎偶有兴作，举锸辄见白骨。噫嘻！乱定垂二十年，凋残尚复如是。

——清·李士彬《（光绪）建德县志》序

江浙为天下财赋之区，清王朝和太平天国都要极力争夺。地处钱塘江中游枢纽的严州府，上扼徽、衢、婺、处，下制杭、嘉、湖，是浙东进入闽赣的通道要塞，太平天国在金华设侍王府，在严州设梯王府。清廷与太平军双方争夺十分激烈，损失惨重，元气大伤。战后，满目疮痍，又遭洪水，竟致出现"人吃人"现象。据《（民国）建德县志·灾异》记载："同治二年癸亥，荒，人相食。三年甲子，春，大疫，日毙百人。城内彻夜有声，如人相聚而啼。四年乙丑，大水，至大方岳。"大方岳位于城北，大水淹至大方岳，水势已很大了。

面对残垣断壁、百业凋敝、瘟疫盛行、人口锐减的局面，首要的任务是战后难民的安置、流民的招抚等安定社会的工作，同时又必须抓紧恢复生产，"办理善后事宜，垦荒其第一要务也"（戴槃《定严属垦荒章程并招棚民开垦记》）。

由于缺少劳动力，戴槃把目光投向了从长江流域安庆地区为避战乱而流入严州的棚民。他们僻居山林，刀耕火种，开垦无主荒山以度日，生活穷困，温饱难依，连住房都没有，只是盖个窝棚聊避风雨而已，故称之为"棚民"，民间则称"山棚上人"。

棚民与本地居民少有来往，备受歧视。但是他们"僻处深山，未受大害"，劳动力强壮，是一支可以利用的生产队伍，"较农民尚胜一筹"。棚民"昔日无田可种而不能不种山，今日有田可种而能改种山为种田。田之出息究厚于山"。种田对于棚民无疑是有吸引力的，但必须有相应的政策措施以保障他们的合法权益，如果没有政府给予的合法保证，棚民是不敢下山种田的。因为田地皆有原主，弄得不好不仅没有收益，还要吃官司。为了让棚民放心下山种田，戴槃实施了一系列政策，以保证他们的利益。

一、垦户必须先报明垦种土地之处所与面积，无论原主来认与否，须准垦户种满三年后再行退还；二三年后无业主来认，田亩即归垦户所有，其灌溉取水，本地农民不准阻止；三、原业主

《九姓渔民改贱为良碑记》

必须尽早呈报，不能等熟后再来取巧，如系此情，将划一半田亩归垦户所有，业主之亲族不得混行争执；四、严禁冒认，一经查实，即行惩办。

垦荒章程公布以后，戴槃又采取许多措施推动落实，"因时利导，因地制宜，因人成事"，成效十分显著。为防止"衙门书差勾串勒索""奸民藉端假冒"，他预先做出警告，前者要"讲明情节，严行惩办"，后者则"更应从重治罪"。

垦荒政策的推行，大大加快了严州社会的恢复进程。第二年，生产稍有复苏，戴槃就接着筹建恢复各项教育、文化、慈善、民政机构，如修补城墙、重筑东西两湖水坝并开浚城内河道，添置防火用的"水龙"，重修文庙（孔庙）、武庙（关帝庙）、城隍庙、文昌祠，重建严先生祠、范公祠、忠义祠，重兴义学，重修严州试馆、节孝祠、养济院、育婴堂、清节堂，重建严州府署，并重新储备救荒仓谷，等等。短短的两年里，戴槃居然干成了这么多事，即使放到现在，也是不可思议的事情！

由于治理有方，政绩显著，戴槃的后任谢宝树为之赞叹："凡此治功，文吏能为之乎？俗吏能为之乎？"戴槃留下的许多设施，直到 20 世纪 50 年代还在发挥作用。

给戴槃带来深远影响、让后人长久地记住他的，还是他全力为九姓渔户平反改正的事。

"九姓渔户"（或称"九姓渔船"，今多称"九姓渔民"）

的九姓是：陈、钱、林、李、袁、孙、叶、许、何，是钱塘江上的渔民，主要以打鱼为生，也有从事客货运输的，甚至有沦为妓船的。九姓渔户往来于钱塘江流域的杭、衢、严、徽、婺各州之间，以严州最为集中。客船有"'头亭''茭白'两种，其家属随船，皆习丝弦，以侑觞荐寝"（戴槃《严郡九姓渔船考》）。茭白船是旧时严州城下一道独特的风景，实为变相的妓船。

关于九姓渔民的来历有各种各样的说法。

第一种说法是：他们是南宋亡国士大夫的遗种。南宋都杭，士大夫们对严陵山水都很熟悉，亡国后来此地避世，"两桨一舟，自成眷属；浅斟低唱以外别无他长。俗称'九姓渔船'，亦曰'茭白船'，言止能助人清谈而已"（民国《建德县志》）。这里已经包含了打鱼和卖唱（甚至卖身）两种谋生的手段了。

第二种说法认为是明朝歌伎之后。明朝时官绅富户之家皆可以私蓄戏班歌伎，一旦主人败落，其艺班即流落江上，其中多有来自江山县之富户人家，故又称之为"江山船"。

第三种说法认为是明初陈友谅及其部属之后。陈友谅军"明初抗师"，失败之后被贬入江上。这种说法最为普遍，也为九姓渔民自己所认可。九姓渔民中流行一首打渔歌，其中唱道：

　　　老子严江七十翁，一生一世住船篷。

　　　从前打过元鞑子，又打洪武朱文忠。

　　三种说法中前二种显然有着过多的诗意，南宋遗民也好，明朝歌伎也好，都是不可能限于九姓的。改朝换代，世道沧桑，难保无人沦落，但很难想象都来从事一种职业，都到江上来谋生；同时，据最近几年的调查，九姓渔民并不限于浙江，江西、湖南都有，那就更不可能了。

　　对于陈友谅及其部属之后，《（民国）建德县志》有质疑，认为："明兵在建德，与战者系张士诚部；友谅据九江，遇贬当在鄱阳。"并且说，"闻之父老，建德伎船唐已有之，与友谅原不相涉"，这就更加不对了。将九姓渔户所操之"茭白船"当作妓船的全部，是本末倒置。

　　无论是从事卖笑、载客的"贱业"，还是江上打鱼，九姓渔民的命运都很悲惨。虽然逃离了战场，但却被新朝剥夺了一切政治权利：不准上岸居住，不准入学读书，不准参加科举考试，不准穿鞋子（只准穿半只，趿拉着），不准穿长衫，甚至不准钉纽扣，即使短衣也只能用草绳围着，不准与岸上人通婚（其实岸上人再穷也不会与他们通婚，怕惹来麻烦），实际上已成为"不可接触"的贱民。天寒地冻上岸卖鱼，也不敢整脚穿鞋，因为常有恶棍寻衅侮辱，将他们穿上岸的鞋扔进茅厕里去。

　　九姓渔民是严州最"古老"的居民。严州历经战乱，许多本地土著逃离了家园，许多外地人又迁入严州，正宗的严州人不多。九姓渔民却因为浮家泛宅，本无"家园"可依，无处可迁，所以一直生活在严州境内。

九姓渔民的悲惨生活及其带来的不良影响，戴槃都看到了，并深以为虑，他从维护地方风化、保证清王朝江山永固出发，提出了为九姓渔民平反并改贱为良的课题。他先从裁革九姓渔课入手，认为"严属建德县渔课一项，积习相沿已久，为害不可胜言"。因为许多人借口征收渔课，肆意妄为，"船以奉官为名，官吏既征钱粮，即有不能禁止之势。胥役之在外浮收需索，加增无数"（戴槃《奏裁建德县渔课由》）。而渔课税的收入其实只有"银九十四两五钱五分八厘"，浮收需索，额外加征大大超过此数，因此裁撤渔课之税乃是废止茭白船进而让九姓渔民改从正业的前提。报请上级批准后，戴槃饬令建德县给各户发放"实贴"（官方的平反证明）。省、府两级衙门专门行文告示，晓谕百姓，一方面要求九姓渔户清白自守，以船为业；另一方面也对无故借端索诈的胥吏差役发出警告，准许受害人"批名禀控，严拿究办，决不宽贷"。最后，戴槃还亲自拟就《裁严郡九姓渔课并令改贱为良碑记》，刻石勒碑，全文如下：

严郡建德县之渔课，始自明洪武年间。九姓则陈、钱、林、李、袁、孙、叶、许、何。相传陈友谅明初抗师，子孙九族家属贬入舟居，使之身为贱业，几无异于校坊之设也。由明至今数百年来，渔课照完，舟中所居之妇女，名为眷属，实则官妓。迨今日久年深，九姓之姓常存，九姓之名已难遍考。近数十年来，船只名为"江山"，各县购买妇女作为眷属，以此营生。船以奉官为名，官吏既征钱粮，即有不能禁止之势。渔课虽征银无多，而胥役之在外浮收需索，曾不知加增几倍！今欲禁江山船之妇女，则必裁建德县之渔课。

查建德县船庄册载：原额征丁口银二百十八两零，雍正年间已摊入田地山塘均匀带征，无庸议裁。渔课一项，仍照旧征收，共银九十四两五钱五分八厘，除解藩司衙门，无闰之年一十七两八钱一分，有闰之年一十九两六钱七分一厘，照例另行筹解外，余系府衙门修仓充饷之用，皆属可裁之款。余乃为之请于督抚诸宪，将九姓渔户课钞永远裁革。于国课无损，于人心有益，并准九姓改贱为良。查乾隆年间议准山西、陕西之乐户，浙江之丐户，虽编籍由来无可确据，而其相仍托业定属卑污。雍正年间因御史年熙蔼尔太先后条奏，准令除籍改业，得为良民，正所以杜其邪僻之路，非即许其厕身衣冠之林也。嗣后因酌定限制以清冒滥，如削籍之乐户改业为良，报官存案，祓濯旧污，阅时久远，为里党所共知者，自不便阻其向上之路，应以报官改业之人为始，下逮四世，本族亲支，皆系清白自守，方准报捐应试。浙江九姓渔户悉令地方官照此办理，乃因渔课未裁，百数十年各户仍习贱业而未改。今九姓之课既准裁免，九姓之人可以改业矣！惟改业之户不准遽行报捐应试，自报官之人为始，下逮四世，方准照办。至于耕读工贾，业已为良，应悉从其便。如有势豪土棍，藉端欺压讹诈者，严行查禁惩治，以儆刁风。我国家之立法，至周且备，是在地方官遵而行之。从此渔课裁而九姓之妇女不准再作娼妓，所以节其流也；渔课裁而九姓之民人可以渐入士林，所以清其源也。

今本府咨部裁革，诸宪亦出示严禁，庶数百年民患可除，而积习为之一变，其所以维持风化者匪浅鲜也！是为记。

同治五年（1866）十二月　日立

戴槃对九姓渔民的悲惨命运抱以极大的同情，为改变九姓渔民的命运做出了极大的努力，但由于社会制度、传统习惯等方面的原因，九姓渔民仍未能争得"齐民"的资格，一直要到新中国成立后，亿万劳动人民的翻身解放才彻底改变了他们的命运。但历史不会忘记戴槃的功绩，他对严州的贡献，对九姓渔民的贡献都将载入史册。

（撰文：朱睦卿）

享誉三晋的清官王家坊

　　王家坊，字左春，严州分水（今属桐庐县）人。清朝道光二十九年（1849），浙江省学政遴选王家坊为拨贡，入京朝考合格，充任知县。自此，王家坊先后在山西十个县担任过知县。他

王家坊塑像（王樟松 摄）

长期蹉跎于地方官任上，不顾个人利益得失，所到之处，依然尽心尽力为老百姓排忧解难，满足他们的实际愿望和要求，成为老百姓心目中的清官。

光绪初年，三晋之地发生有史以来最大的旱灾，田地干裂，庄稼枯死，颗粒无收，甚至人畜饮水都有困难，民不聊生。当时，王家坊正好在山西潞城县任知县。潞城县位于山西省东南部，太行山西麓，上党盆地东北边缘，西北与襄垣县以山为界，东北与黎城县隔河相望，东南与平顺县谷岭交错。王家坊把老百姓的疾苦放在首位，以天下苍生为念，勤于政事，深入查访，了解灾情。把赈灾钱粮及时发放到老百姓手里，发动民众挖井取水，种植红薯。打破单纯赈济的常规，而另辟生产自救的途径。为灾民提供生活保障，又维持社会秩序，老百姓得到实惠而喜不自胜，感颂不衰。王家坊的救灾措施得到朝廷的赏识，以山西潞城县抗旱救灾为典范，大力推广并令各州县官吏参照执行，在中国抗旱救灾史上留下了千古佳话。

不久，王家坊调到山西高平县（今高平市）任知县。高平县是中华民族人文始祖炎帝的故里，位于山西省东南部，泽州盆地北端，太行山西南边缘，是晋城的北大门，因其四面群山环绕、中部相对平坦而得名。王家坊上任后，发现这里的老百姓因上缴高额赋税，生活十分凄惨，逃税抗粮比比皆是。善政之要唯在养民，养民之政必先务农，农政既修则衣食足，衣食足则爱体肤，爱体肤则畏刑罚，畏刑罚则寇盗自息，祸乱不与，是圣人之德发于善政，天下之化起于农亩。王家坊拿出切合实际的行动来解决问题，为民请命，要求朝廷减免高平县的赋税，并重新制定赋役章程，百姓负担减轻，生活有了保障，逃税抗粮事件由此平息，极大地稳定了社会秩序。其护国爱民之心，昭然可鉴。后来，王家坊又调到山西宁武县任知县。

宁武县位于山西省北中部。自雍正四年（1726）置宁武县后，历经一百五十余年，一直未编修过县志。王家坊上任后，为了适应当时的政治、军事和经济发展的需要，组织人员编纂县志，旁收博采，创修《宁武县志》十卷。该志在编纂上充分体现山西宁武卫所军事机构，作为战略要地的重要性。之后，王家坊又调到天镇县任知县。

王家坊故居（王樟松 摄）

天镇县位于大同市东北端，地处晋、冀、蒙三省（区）交界处，素有"鸡鸣一声闻三省"之称。天镇县历史悠久，但经济欠佳。王家坊上任后，革除当地的陋规，淘汰只拿薪水不管事的闲置官吏。发展种桑养蚕，增加经济收入，提高老百姓生活水平，深得天镇人民的爱戴。

王家坊因父亲去世，回分水老家奔丧，行囊萧然，身无余资，只得典衣治丧。让家乡人称道并且感念不忘的，是王家坊为家乡灾民发放钱粮之事。王家坊为父亲守孝期间，分水境内连降大雨，山洪暴发，房舍农田被冲毁。分水县令刘宣邀请王家坊协助救灾事宜，在发放救灾粮款时，王家坊认为要根据受灾实际情况，不讲人情，以多灾多发、少灾少发、无灾不发为原则，做到不漏发、不滥发。不久，王家坊卒于家。著有《吾馨斋文集》《学仕录》《退思录》《左氏兵略》等十余本书，因无资付印，终未刊行。

（撰文：汪建春）

一心为民的"贤太守"宗源瀚

宗源瀚（1834—1897），字湘文，原籍江苏上元县（今江苏南京市）人，清朝咸丰年间迁到常熟。同治十一年（1872）三月，宗源瀚湖州调到严州任知府，当时太平天国战争平息不久。

宗源瀚重修的福运门的石匾额

此前，同治元年（1862），严州城墙小西门段在双方战斗中被清军轰塌，当年夏季又发洪水，江水暴涨，水辄与城齐，沿江城墙又坍塌多处。宗源瀚在《修严城小西门记》中云："同治初年，粤寇（太平军）窃踞，飞炮薄闉，楼橹皆废。寇退而水又大至，倾圮遂多时。越十载，郡更八官，屡议修筑，率以工巨费繁而止。"在这十年间，严州知府和建德知县曾多次提议修筑严州城，都因工程量大缺少资金而不敢动工修城。因城墙未能及时修葺，直至同治十一年（1872），仍有江西流寇乘隙攻入城内，烧杀劫掠。城中百姓提心吊胆，整日惶恐不安，商家店铺关门停业，农民不敢出城耕种。

宗源瀚非常关心百姓的人身安全，曾多次向朝廷上疏，要求拨款修城，得到了朝廷的批准。宗源瀚与杨中丞、方伯卢等规划修城。以方计者：外墙二十五所，内墙十七所，纵横一丈为一方，凡三百五十六方；以丈计者：女墙四百六十五丈，城垛一千六百丈，城楼营房、内外门悉具，用钱一万缗有奇。经过将近四个月的修缮，城墙终于修复如初。宗源瀚觉得自己没有辜负父老乡亲的期望，为他们解除心中的惶恐，心感欣慰。宗源瀚重修的"福运门"石匾额，至今还镶嵌在福运门上方。

同治十三年（1874），宗源瀚召集严州六个县的绅士捐款重建城隍庙，由朱杬、张心谷、吴贡书、陈元善、王燮奎、严正源等充任董事，同时对重建于康熙二十二年（1683）的建德县城隍庙进行扩充，增建官厅和膳房。

　　同治十二年（1873）四月，宗源瀚调到嘉兴任知府。十一月又调回严州任知府。宗源瀚非常关心百姓的生活。光绪元年（1875），因严州出现旱情，宗源瀚带领官吏经拱宸门到城北乌龙王庙祷雨。乌龙王庙原有大殿三楹，宗源瀚到任后增建戏台。庙里有个和尚，法号称敦成禅师，台州黄岩人，年轻时在家务农，中年忽发出家之意，到天台山国清寺做和尚，后来又移住宁波天童寺，晚年来到严州乌龙王庙，赤脚黧面，意朴而恭，喜独励苦，住在东侧狭小的厨房杂间内。香客布施，他却不多受，仅供充饥就行。宗源瀚礼贤下士，胸襟开阔，平等待人。后来宗源瀚又去乌龙王庙看望敦成禅师，找他不到。经打听才知道敦成禅师搬到乌龙山去了。宗源瀚立即带人去乌龙山寻找，在岩洞里找到他，见他趺坐合掌诵《金刚经》。乌龙山旷无人迹，野兽出没，洞口无任何遮拦。原先这里有座庵堂，毁于兵燹。宗源瀚考虑敦成禅师的人身安全，便与董事陈元善协商在旧基上重建庵堂。庵堂建成后，敦成禅师搬到庵内诵经念佛，收徒寂金，并将香客布施结余下来的钱，用来建圣水庵。

　　严州府儒学后面有座魁星楼，为宋知州吴槃创建，供奉魁星。状元方逢辰题"登云"匾额。明朝宣德六年（1431），知府徐孔奇改建为尊经阁。清光绪二年（1876），宗源瀚将尊经阁迁移到双峰书院内，改称为经训楼。文昌阁原在兴仁门外锦鳞庵前，宗源瀚把文昌阁迁移到城东秀山仇池庵旁，改称为文昌宫。文昌宫内有浮澜阁和南材馆，南材馆前面有两个水池，一清一浊，并筑二泉亭。光绪三年（1877），宗源瀚还在东湖严先生祠堂左侧建湖光山色楼。

双峰书院，原称文渊书院，始创于清朝康熙五十八年（1719）。建成后，屡有坍毁和重建，并于嘉靖八年（1803）改名"双峰书院"，设有"文场"（考场）。严州位于浙江西部山区，境内虽然"山水奇秀"，却"地瘠民贫"，宗源瀚在视察民情时，发现有很多学龄儿童因家庭贫困上不起学，很多人没有文化。宗源瀚深感内疚，他在双峰书院头门二侧厢房内创办义塾，资助贫寒学子上学读书，百姓感恩戴德，个个竖大拇指，称赞他为贤太守。

后来宗源瀚调到宁波任知府。官至温处兵备道。著有《浙江全省舆图并水陆道里记》《国朝右文掌录》《颐情馆金石跋》《燹馀所见录》《颐情馆诗钞》《颐情馆闻过集》等。

（撰文：汪建春）

袁昶竭忠尽节

　　袁昶（1846—1900），原名振瞻，字爽秋，号重黎，桐庐人。袁昶祖上曾被朝廷册封为云骑尉，此爵位只可世袭，却无俸禄。袁昶自幼聪明过人，有过目不忘之美誉。起初师从闽县高伯年，后来转学上海龙门书院，师从著名学者刘熙载。清朝光绪二年（1876）中进士，授户部主事。九年（1883），考取总理各国事务衙门章京，任职会典馆、方略馆、天文算学馆。十一年（1885），曾随吏部尚书锡珍等人到天津，参加中法《天津条约》的谈判。

　　光绪十八年（1892），袁昶任徽宁池太广道。兼管芜湖县政务。芜湖县（今安徽芜湖市）位于安徽省东南部，长江之滨，故又称江城。东邻宣城市，南与池州市接壤，西

袁昶像

接铜陵市，北邻马鞍山市和合肥市。芜湖历史悠久，但境域地势低洼，而降雨充沛，因长江源远流长，又受海潮顶托，一般在七八月份水位高涨。圩堤溃决时有发生。袁昶到芜湖上任不久，芜湖西南圩堤溃决，庐舍倒塌，人畜伤亡，庄稼被毁。袁昶恪尽职守，抗洪救灾，为民排忧解难，开仓放粮，减免赋税。袁昶还带头捐俸银五千余两，用来修筑圩堤，还亲自督修从大关亭至鲁港十二里的滨江圩堤，新筑三百七十丈沿江大堤。从此既可以蓄水，又可以泄洪，数万顷良田旱涝无患，村庄民舍也不再受洪水威胁。当地百姓称赞袁昶做了一件功德无量的大好事。

袁昶反对脱离实际的书斋学问，认为中国之所以实学废弛，很重要的一个原因就是缺少实学教育，并由此导致相关人才的匮乏。他在芜湖大张旗鼓地进行教育改革，以"中学为体，西学为用"在中江书院扩建"经义"和"治事"两斋。增设经史、性理、舆算、格致等实用学科。后来中江书院确实培养了一批讲求实学的优秀人才。袁昶为中江书院购置书籍数万卷，还刊刻大量实用书籍汇为《渐西村舍丛刊》，收录了不少对现实有用的重要典籍，如记述边疆的地方志《宁古塔志略》《吉林外纪》《蛮书》《卫藏通志》《黑龙江外纪》等。还有记载农业科技的《齐民要术》《农桑辑要》《农书》等。并在中江书院创建尊经阁，相当于现在的县级图书馆。袁昶还在芜湖设立邮局等便民设施。

光绪二十四年（1898），袁昶升迁为陕西按察使，还没去上任，又被提拔为江宁布政使，后来又调到直隶任布政使。不久，袁昶被召回朝廷，以三品京堂升总理衙门行走，次年授光禄寺卿，不久转太常寺卿。袁昶还热心家乡教育事业，捐俸银四千两，

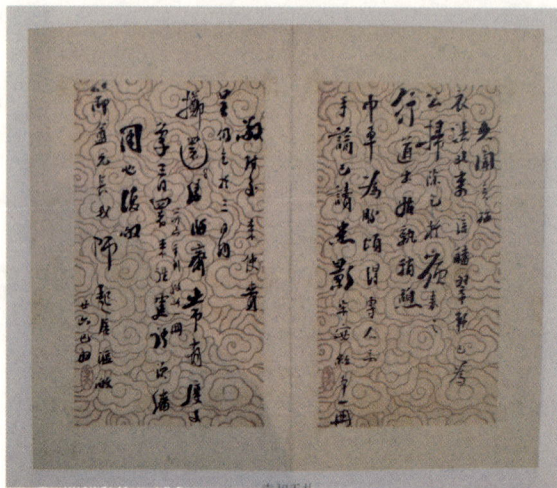

袁昶手迹

资助桐庐贫困家庭孩子上学读书。家乡人赞不绝口。当时朝廷财政匮乏，讨论增加厘税弥补不足，袁昶表示反对，认为"增厘税，名病商，实病民，不可增议"，此意见被朝廷采纳。

光绪二十六年（1900），慈禧太后在仪鸾殿召开御前会议，袁昶正直磊落，慷慨陈词，认为"拳术不可恃，外衅必不可开""杀公使，悖公法"，会使局面不堪收拾，得到吏部侍郎许景澄、兵部尚书徐用仪和内阁学士联元的大力支持。慈禧太后扫兴而退。五月二十一日八国联军攻破天津大沽炮台，向北京进犯。载漪却谎称克敌大捷，袁昶心忧天下，不畏权势，又和许景澄等伏阙上疏《请惩祸首以遏乱源而救危局》，请求速杀祸首，以挽大局。权倾朝野的载漪大发雷霆，令刑部尚书赵舒翘将袁昶等人逮捕入狱，袁昶大义凛然，宁鸣而死，不默而生。七月初二日，袁昶、

许景澄和徐用仪在菜市口被处死。十二月，八国联军退出北京。二十五日，光绪皇帝发布上谕，宣布为袁昶等人平反，恢复原职。

宣统元年（1909），宣统皇帝追赠袁昶为"忠节"，并在杭州西湖孤山南麓敕建三忠祠，奉祀袁昶、许景澄和徐用仪三人。袁昶昭雪后，芜湖人民将尊经阁改名为"怀爽楼"，楼内有幅楹联："经国长才曾照世，成仁短晌欲呼天。"这是著名民主人士黄炎培所写，以表哀思。后来又建袁太常祠，上悬"仁政忠节""光日月而薄霄汉""千百世不朽"等匾额。每到清明、冬至之节日，芜湖官吏、学者及百姓均前往祭祀。

（撰文：汪建春）